中华人民共和国行业标准

公路工程土工合成材料试验规程

Test Methods of Geosynthetics for Highway Engineering

JTG E50—2006

主编单位：交通部公路科学研究院
批准部门：中华人民共和国交通部
实施日期：2006 年 10 月 01 日

人民交通出版社股份有限公司

图书在版编目（CIP）数据

公路工程土工合成材料试验规程：JTG E50—2006/交通部公路科学研究院主编. --北京：人民交通出版社股份有限公司，2017.5

ISBN 978-7-114-13398-5

Ⅰ.①公… Ⅱ.①交… Ⅲ.①道路工程—工程材料—试验规程—中国 Ⅳ.①U414-65

中国版本图书馆CIP数据核字（2016）第247920号

标准类型：中华人民共和国行业标准
标准名称：公路工程土工合成材料试验规程
标准编号：JTG E50—2006
主编单位：交通部公路科学研究院
责任编辑：李 农
出版发行：人民交通出版社股份有限公司
地　　址：（100011）北京市朝阳区安定门外外馆斜街3号
网　　址：http://www.ccpress.com.cn
销售电话：（010）59757973
总 经 销：人民交通出版社股份有限公司发行部
经　　销：各地新华书店
印　　刷：北京市密东印刷有限公司
开　　本：880×1230　1/16
印　　张：7.25
字　　数：128千
版　　次：2017年5月　第1版
印　　次：2024年10月　第8次印刷
书　　号：ISBN 978-7-114-13398-5
定　　价：40.00元

（有印刷、装订质量问题的图书，由本公司负责调换）

中华人民共和国交通部

公告

2006 年第 13 号

关于公布《公路工程土工合成材料试验规程》(JTG E50—2006)的公告

现公布《公路工程土工合成材料试验规程》(JTG E50—2006),自 2006 年 10 月 1 日起施行,原《公路土工合成材料试验规程》(JTJ/T 060—98)同时废止。

该规程的管理权和解释权归交通部,日常解释和管理工作由主编单位交通部公路科学研究院负责。请各有关单位在实践中注意积累资料,总结经验,及时将发现的问题和修改意见函告交通部公路科学研究院(北京海淀区西土城路 8 号,邮政编码:100088,联系电话:010—62079598),以便修订时参考。

特此公告。

中华人民共和国交通部
二〇〇年六月十三日

主题词:公布 公路 规程 公告

交通部办公厅　　　　　　　　　　　　　　　　2006 年 6 月 19 日印发

前　言

作为推荐性行业标准，《公路土工合成材料试验规程》(JTJ/T 060—98)于1998年12月30日发布，1999年2月1日起实施。规程的颁布实施，对统一公路工程土工合成材料试验方法，指导和规范土工合成材料试验，起到了重要作用。

近几年来，土工合成材料发展很快，其应用领域不断扩展，应用技术不断完善，新材料不断推出，1999年后国家技术监督局先后批准发布了14项土工合成材料产品和试验方法的系列国家标准。为了同国际标准、国家标准接轨，满足公路工程对土工合成材料试验的新需要，对原规程进行修订是非常必要的。2001年底，交通部发布交公路发〔2001〕620号文将修订《公路土工合成材料试验规程》(JTJ/T 060—98)的任务下达交通部公路科学研究院。

本次规程修订遵循了以下几个原则：

(1)在现有公路工程行业标准体系的基础上，结合相关标准的修订情况和行业的特殊要求进行修订。试验方法的选取，尽量兼顾不同材料，涵盖主要种类，避免过于繁杂。

(2)尽可能地采用先进标准，在考虑我国国情、行业特点的前提下，最大限度地实现与国际标准接轨，在基础试验方法上和国家标准保持一致。

(3)为了便于对试验方法的理解和参数指标的应用，适当增加条文说明的信息量。

本次《公路土工合成材料试验规程》修订的主要内容有：

(1)术语、符号部分：在原有功能术语的基础上，补充了产品名称术语。

(2)试件制备和数据处理部分：将原有"试件制备及数据整理"分为两节，一节为取样与试样准备，一节为试验数据整理与计算。

(3)物理性能试验部分：修改了厚度测定方法，新增了幅宽测定方法。

(4)力学性能试验部分：修改了条带拉伸试验、拉伸蠕变与拉伸蠕变断裂性能试验、直剪摩擦特性试验、梯形撕破强力试验、CBR顶破强力试验、刺破强力试验和落锥穿透试验；新增了宽条拉伸试验、接头/接缝宽条拉伸试验和粘焊点极限剥离力试验。

(5)水力性能试验部分：修改了有效孔径试验(干筛法)、垂直渗透性能试验；新增了耐静水压试验、塑料排水带芯带压屈强度与通水量试验。

(6)耐久性能试验部分：新增了抗氧化性能试验、抗酸碱液性能试验、抗紫外线性能试验(氙灯法和荧光紫外灯法)和炭黑含量试验。

本规程由交通部公路科学研究院负责解释。希望各单位在使用中注意总结经验，及时将意见和建议函告以下单位：交通部公路科学研究院(地址：北京市海淀区西土城路8号，邮政编码：100088，电话：010—62079598，传真：010—62079556)或中国工程建设标准化协会公路工程委员会秘书处(地址:北京市海淀区西土城路8号,邮政编码:100088,电话:010—62079195,传真:010—62079195)。

修 订 单 位:交通部公路科学研究院

主要起草人:夏玲玲　牛开民　田　波　刘　英

目　次

1 总则 ·· 1
2 术语和符号 ·· 2
　2.1 术语 ·· 2
　2.2 符号 ·· 4
3 试样制备与数据处理 ··· 6
　T 1101—2006　取样与试样准备 ·· 6
　T 1102—2006　试验数据整理与计算 ·· 8
4 物理性能试验 ·· 10
　T 1111—2006　单位面积质量测定 ·· 10
　T 1112—2006　厚度测定 ·· 12
　T 1113—2006　幅宽测定 ·· 16
　T 1114—2006　土工格栅、土工网网孔尺寸测定 ·· 18
5 力学性能试验 ·· 21
　T 1121—2006　宽条拉伸试验 ·· 21
　T 1122—2006　接头/接缝宽条拉伸试验 ··· 27
　T 1123—2006　条带拉伸试验 ·· 32
　T 1124—2006　粘焊点极限剥离力试验 ··· 37
　T 1125—2006　梯形撕破强力试验 ·· 39
　T 1126—2006　CBR顶破强力试验 ··· 41
　T 1127—2006　刺破强力试验 ·· 44
　T 1128—2006　落锥穿透试验 ·· 47
　T 1129—2006　直剪摩擦特性试验 ·· 49
　T 1130—2006　拉拔摩擦特性试验 ·· 55
　T 1131—2006　拉伸蠕变与拉伸蠕变断裂性能试验 ···································· 60
6 水力性能试验 ·· 67
　T 1141—2006　垂直渗透性能试验(恒水头法) ·· 67
　T 1142—2006　耐静水压试验 ·· 72
　T 1143—2006　塑料排水带芯带压屈强度与通水量试验 ··························· 75
　T 1144—2006　有效孔径试验(干筛法) ·· 79
　T 1145—2006　淤堵试验 ·· 82

— 1 —

7 耐久性能试验 ··· 87
T 1161—2006　抗氧化性能试验 ··· 87
T 1162—2006　抗酸、碱液性能试验 ·· 90
T 1163—2006　抗紫外线性能试验(氙弧灯法) ······································ 94
T 1164—2006　抗紫外线性能试验(荧光紫外灯法) ································· 100
T 1165—2006　炭黑含量试验(热失重法) ·· 104

1 总　　则

1.0.1 为推动土工合成材料在公路工程中的应用,规范、统一材料的试验方法,制定本规程。

1.0.2 本规程适用于公路工程所应用的各类土工合成材料的性能试验。

1.0.3 本规程使用的仪器设备,应经相应的计量部门或检测机构检定合格,并需在使用中定期校正。

1.0.4 计量单位采用国家法定的计量单位。

1.0.5 规程引用标准所包含的条文,通过在规程中引用而构成规程的条文。凡是注明日期的引用标准,其随后所有的修改单(不包括勘误的内容)或修订版均不适用于本规程;凡是不注日期的引用标准,其最新版本适用于本规程。

1.0.6 公路工程土工合成材料的性能试验,除应符合本规程外,尚应符合国家现行有关标准的规定;对本规程未作规定的试验项目,可参照国内外有关标准规定的试验方法进行,但应在试验报告中注明。

2 术语和符号

2.1 术 语

2.1.1 土工合成材料 geosynthetics

岩土工程和土木工程中应用的土工织物、土工膜、土工复合材料、土工特种材料的总称。

2.1.2 土工织物 geotextile

用于岩土工程和土木工程的机织、针织或非织造的可渗透的聚合物材料。

2.1.3 土工格栅 geogrid

由有规则的网状抗拉条带形成的用于加筋的土工合成材料。其开孔可容周围土、石或其他土工材料穿入。

2.1.4 土工网 geonet

由平行肋条经以不同角度与其上相同肋条粘结为一体的用于平面排液、排气的土工合成材料。

2.1.5 土工膜 geomembrane

由聚合物或沥青制成的一种相对不透水的薄膜。

2.1.6 土工复合材料 geocomposite

由两种或两种以上材料复合成的土工合成材料。

2.1.7 拉伸强度 tensile strength

试验中试样被拉伸直至断裂时每单位宽度的最大拉力。

2.1.8 伸长率 elongation

对应于最大拉力时的应变量,以百分率表示。

2.1.9 梯形撕破强力 tearing strength

在两夹持器内的试样呈梯形,撕破梯形试样所需的最大力。

2.1.10　刺破强力 puncturing strength
直径8mm的刚性顶杆以规定的速率垂直顶刺试样,直至破裂过程中测得的最大力。

2.1.11　CBR顶破强力 CBR burst strength
圆柱形顶压杆垂直顶压试样,直至破裂过程中测得的最大顶压力。

2.1.12　压屈强度 compressive strength
塑料排水带的芯带在外力作用下抵抗压裂、倾倒破坏的能力。

2.1.13　当量孔径 equivalent opening size
用于表示网格型(如土工网、土工格栅)土工合成材料孔隙大小的指标,是将某种形状的网孔换算为等面积圆的直径。

2.1.14　穿透孔径 amount of cone penetration
规定尺寸的落锥在土工合成材料上方500mm高度处自由落下时,穿透土工合成材料的孔洞直径。

2.1.15　有效孔径(O_e) apparent opening size
能有效通过土工织物的近似最大颗粒直径,例如O_{90}表示土工织物中90%的孔径低于该值。

2.1.16　垂直渗透系数 coefficient of vertical permeability
水流垂直于土工织物平面,水力梯度等于1时的渗透流速。

2.1.17　透水率 permittivity
水位差等于1时垂直于土工织物平面方向的渗透流速。

2.1.18　流速指数 velocity index
试样两侧50mm水头差下的流速。

2.1.19　梯度比 gradient ratio
淤堵试验中,土工织物试样及其上方25mm土样的水力梯度与织物上方从25mm至75mm之间土样的水力梯度的比值。

2.1.20　排水带通水量 the discharge capacity of prefabricated band-shaped drains

排水带的芯带与滤膜复合体在侧压力作用下,沿排水带截面的纵向通水能力。

2.2 符 号

α_f——拉伸强度;

ε——伸长率;

S_f——接头/接缝强度;

E——接头/接缝效率;

G——单位面积质量;

δ——厚度;

w——幅宽;

D_e——当量孔径;

$f_{g(\delta)}$——摩擦比;

f——摩擦系数;

τ——剪应力;

k——垂直渗透系数;

v——流速;

θ——透水率;

Q——通水量;

O_e——有效孔径(当 e 为90%时,以 O_{90} 表示);

GR——梯度比;

$\overline{X}$——平均值;

σ——标准差;

C_v——变异系数。

条文说明

术语、符号是土工合成材料的通用性标准,在文献检索、情报传递、行业间沟通中起着重要的作用,是制定其他方法标准和产品标准的依据和基础,具有普遍的指导意义。

本次修订,符号原则上与国标相应标准保持一致,并考虑了与其他行业相关标准的一致性;术语标准,修订中考虑到行业的实际需求,在原有功能术语的基础上增加了产品的名称术语。产品名称术语非等效采用了《土工布 词汇》(ISO 10318:1990)和《土工布 术语》(GB/T 13750—1992)、《土工合成材料应用技术规范》(GB 50290—98)的有关定义;同时根据新增项的内容,在功能术语中增加了压屈强度、排水带通水量和流速指数的术语定义。

土工合成材料是用于岩土工程和土木工程建设的聚合物材料的总称,对于其分类国内外尚未统一规定,国内一般分为四类,如下所示:

$$\text{土工合成材料}\begin{cases}\text{土工织物}\begin{cases}\text{织造}\begin{cases}\text{机织}\\\text{针织}\end{cases}\\\text{非织造}\begin{cases}\text{针刺}\\\text{热粘结}\\\text{化学粘结}\end{cases}\end{cases}\\\text{土工膜}\begin{cases}\text{聚乙烯(PE)土工膜}\\\text{聚氯乙烯(PVC)土工膜}\\\text{氯化聚乙烯(CPE)土工膜}\end{cases}\\\text{土工复合材料}\begin{cases}\text{复合土工膜}\\\text{复合土工织物}\\\text{复合排水材料:排水带、排水管、排水防水材料等}\end{cases}\\\text{土工特种材料}\begin{cases}\text{土工格栅、土工带、土工格室、土工网、}\\\text{土工模袋、土工网垫、土工织物膨润土}\\\text{垫(GCL)、聚苯乙烯板块(EPS)等}\end{cases}\end{cases}$$

3 试样制备与数据处理

T 1101—2006 取样与试样准备

1 适用范围

1.1 本方法规定了卷装土工合成材料的取样方法与试样准备方法,其他类型的土工合成材料可参照执行。

1.2 本方法的基本内容为后面各项试验均应遵守的共同规定。

2 引用标准

GB 6529 纺织品的调湿和试验用标准大气
GB/T 2918 塑料试样状态调节和试验的标准环境

3 取样程序

3.1 取卷装样品

3.1.1 取样的卷装数按相关文件规定。

3.1.2 所选卷装材料应无破损,卷装呈原封不动状。

3.2 裁取样品

3.2.1 全部试验的试样应在同一样品中裁取。

3.2.2 卷装材料的头两层不应取作样品。

3.2.3 取样时应尽量避免污渍、折痕、孔洞或其他损伤部分,否则要加放足够数量。

3.3 样品的标记

3.3.1 样品上应标明下列内容：
(1)商标、生产商、供应商；
(2)型号；
(3)取样日期；
(4)要加标记表示样品的卷装长度方向。

3.3.2 当样品两面有显著差异时，在样品上加注标记，标明卷装材料的正面或反面。

3.3.3 如果暂不制备试样，应将样品保存在洁净、干燥、阴凉避光处，并且避开化学物品侵蚀和机械损伤。样品可以卷起，但不能折叠。

4 试样准备

4.1 用于每次试验的试样，应从样品长度和宽度方向上均匀地裁取，但距样品幅边至少 10cm。

4.2 试样不应包含影响试验结果的任何缺陷。

4.3 对同一项试验，应避免两个以上的试样处在相同的纵向或横向位置上。

4.4 试样应沿着卷装长度和宽度方向切割，需要时标出卷装的长度方向。除试验有其他要求，样品上的标志必须标到试样上。

4.5 样品经调湿后，再制成规定尺寸的试样。

4.6 在切割结构型土工合成材料时可制定相应的切割方案。

4.7 如果制样造成材料破碎，发生损伤，可能影响试验结果，则将所有脱落的碎片和试样放到一起，用于备查。

5 调湿和状态调节

5.1 土工织物

试样应在标准大气条件下调湿 24h，标准大气按 GB 6529 规定的三级标准：温度 20℃ ±2℃、相对湿度 65%±5%。

5.2 塑料土工合成材料

按 GB/T 2918 标准中第 6 条规定，在温度 23℃±2℃ 的环境下，进行状态调节，时间不少于 4h。

5.3 如果确认试样不受环境影响,则可省去调湿和状态调节的处理程序,但应在记录中注明试验时的温度和湿度。

6 试验报告

试验报告应包括以下内容:
(1)试样的制取与准备方法;
(2)试样选择、制取、准备过程中观察到的详细情况,和做同一试验时在纵向和横向位置上的取样情况;
(3)任何与取样程序规定不符的详情;
(4)制样的日期,所选卷的来源;
(5)样品的名称、规格、供应商、生产商和型号。

条文说明

取样与试样准备的不同,直接影响检测的最终结果。统一取样和试样准备的方法,是各项试验应共同遵守的基本原则,也是减少争议的必要手段,所以新增了"取样与试样准备"方法。

制定时非等效采用了《土工布的取样和试样制备》(ISO 9862:1990),并参考了国标《土工布的取样和试样的准备》(GB/T 13760—1992)的有关规定。本方法中的取样方法与试样准备方法适用于所有类型的卷装土工合成材料。

T 1102—2006 试验数据整理与计算

1 适用范围

1.1 本方法规定了土工合成材料试验数据的整理和计算。

1.2 规定了算术平均值 $\overline{X}$、标准差 σ 和变异系数 C_v 的计算方法。

1.3 给出了异常试验数据的取舍原则。

1.4 本方法内容适用于所有土工合成材料试验,是后面各项试验均应遵守的共同规定。

2 算术平均值

算术平均值 $\overline{X}$ 按下式计算:

$$\overline{X} = \frac{\sum_{i=1}^{n} X_i}{n} \tag{T 1102-1}$$

式中：n——试样个数；

X_i——第 i 块试样的试验值；

$\overline{X}$——n 块试样值的算术平均值。

3 标准差

标准差 σ 按下式计算：

$$\sigma = \sqrt{\sum_{i=1}^{n}(X_i - \overline{X})^2/(n-1)} \qquad (T\ 1102\text{-}2)$$

式中符号意义同式(T 1102-1)。

4 变异系数

变异系数 C_v 按下式计算：

$$C_v = \frac{\sigma}{\overline{X}} \times 100\% \qquad (T\ 1102\text{-}3)$$

式中符号意义同式(T 1102-1)、式(T 1102-2)。

5 试验数据的取舍

试验异常数据的取舍，应按各章节的具体规定进行。如没有明确规定，可按 K 倍标准差作为取舍标准，即舍去那些在 $\overline{X} \pm K\sigma$ 范围以外的测定值。试件数量不同，K 值不同。K 值按表 T 1102-1 选用。

表 T 1102-1　统计量的临界值

试件数量	3	4	5	6	7	8	9	10	11	12	13	14
K	1.15	1.46	1.67	1.82	1.94	2.03	2.11	2.18	2.23	2.28	2.33	2.37

条文说明

本方法未做修订，只是在条文的编排和文字内容上进行了编辑性修改，是后面各项试验均应遵守的共同规定。

4 物理性能试验

T 1111—2006 单位面积质量测定

1 适用范围

1.1 本方法规定了土工合成材料单位面积质量的测定方法。

1.2 本方法适用于土工织物、土工格栅,其他类型的土工合成材料可参照执行。

2 引用标准

GB 8170 数值修约规则

3 定义

单位面积质量:单位面积的试样,在标准大气条件下的质量。

4 仪器设备及材料

4.1 剪刀或切刀。

4.2 称量天平(感量为 0.01g)。

4.3 钢尺(刻度至毫米,精度为 0.5mm)。

5 试验步骤

5.1 取样:按本规程 T 1101—2006 的有关规定取样。

5.2 试样调湿和状态调节:按本规程 T 1101—2006 中的第 5 条规定进行。

5.3 试样制备

5.3.1 土工织物:除符合本规程 T 1101—2006 的有关规定外,用切刀或剪刀裁取面积为 10 000mm^2 的试样 10 块,剪裁和测量精度为 1mm。

5.3.2 对于土工格栅、土工网这类孔径较大的材料,除符合本规程 T 1101—2006 的有关规定外,试样尺寸应能代表该种材料的全部结构。可放大试样尺寸,剪裁时应从肋间对称剪取,剪裁后应测量试样的实际面积。

5.4 称量

将裁剪好的试样按编号顺序逐一在天平上称量,读数精确到 0.01g。

6 结果计算

6.1 按下式计算每块试样的单位面积质量,按 GB 8170 修约,保留小数一位:

$$G = \frac{m \times 10^6}{A} \qquad (T\ 1111\text{-}1)$$

式中:G——试样单位面积质量(g/m^2);
　　　m——试样质量(g);
　　　A——试样面积(mm^2)。

6.2 计算 10 块试样单位面积质量的平均值 $\overline{G}$,精确到 $0.1g/m^2$;同时计算出标准差 σ 和变异系数 C_v。

平均值 $\overline{G}$、标准差 σ 和变异系数 C_v 按本规程 T 1102—2006 的规定计算。

7 试验报告

试验报告应包括以下内容:
(1)试样名称、规格;
(2)试验结果;
(3)试验用大气条件;
(4)试验日期;
(5)试验中规定应注明的情况;
(6)任何偏离规定程序的详细说明。

条文说明

单位面积质量是土工合成材料物理性能指标之一,反映产品的原材料用量,以及生产的均匀性和质量的稳定性,与产品性能密切相关。目前国内外测定单位面积质量的标准有:《土工布　单位面积质量的测定》(ISO 9864:1990)、欧洲标准《土工布及其有关产品　单位面积质量的测定》(EN 965)、法国标准《土工布试验　单位面积质量的测定》(NF G38-013—1989)、《土工布单位面积质量的测定方法》(GB/T 13762—1992)。这些标准均采用称重法,主要参数见表 T 1111-1。本方法参数与上述标准基本一致。

表 T 1111-1 参数对照表

标准编号	试样面积(mm²)	试样数量
ISO 9864:1990	10 000 (100×100)	10
EN 965	10 000 (100×100)	10
NF G38-013—1989	10 000	10
GB/T 13762—1992	10 000	10

考虑到土工格栅、土工网这类孔径较大的土工合成材料,定死的面积不一定能代表材料的全部结构,所以特别规定对该类材料允许放大试样尺寸,以能代表材料结构为准;剪裁时应从肋间对称剪取并计算试样的实际面积。

T 1112—2006 厚度测定

一、土工织物厚度测定

1 适用范围

1.1 本方法规定了在一定压力下测定土工织物和相关产品厚度的试验方法。

1.2 本方法适用于土工织物及复合土工织物。

2 引用标准

GB 8170 数值修约规则

3 定义

3.1 厚度:土工织物在承受规定的压力下,正反两面之间的距离。

3.2 常规厚度:在 2kPa 压力下测得的试样厚度。

4 仪器设备及材料

4.1 基准板:面积应大于 2 倍的压块面积。

4.2 压块:圆形,表面光滑,面积为 25cm²,重为 5N、50N、500N 不等;其中常规厚度的压块为 5N,对试样施加 2kPa±0.01kPa 的压力。

4.3 百分表:最小分度值 0.01mm。

4.4 秒表:最小分度值 0.1s。

5 试验步骤

5.1 取样:按本规程 T 1101—2006 的有关规定取样。

5.2 试样调湿和状态调节:按本规程 T 1101—2006 中的第 5 条规定进行。

5.3 试样制备:除符合本规程 T 1101—2006 的有关规定外,裁取有代表性的试样 10 块,试样尺寸应不小于基准板的面积。

5.4 测定 2kPa 压力下的常规厚度。

5.4.1 擦净基准板和 5N 的压块,压块放在基准板上,调整百分表零点。

5.4.2 提起 5N 的压块,将试样自然平放在基准板与压块之间,轻轻放下压块,使试样受到的压力为 $2kPa \pm 0.01kPa$,放下测量装置的百分表触头,接触后开始记时,30s 时读数,精确至 0.01mm。

5.4.3 重复上述步骤,完成 10 块试样的测试。

5.5 根据需要选用不同的压块,使压力为 $20kPa \pm 0.1kPa$,重复 5.4 规定的程序,测定 $20kPa \pm 0.1kPa$ 压力下的试样厚度。

5.6 根据需要选用不同的压块,使压力为 $200kPa \pm 1kPa$,重复 5.4 规定的程序,测定 $200kPa \pm 1kPa$ 压力下的试样厚度。

6 试验结果

6.1 计算在同一压力下所测定的 10 块试样厚度的算术平均值 $\bar{\delta}$,以毫米为单位,计算到小数点后三位,按 GB 8170 修约到小数点后两位。

6.2 如果需要,同时计算出标准差 σ 和变异系数 C_v。标准差 σ 和变异系数 C_v 按本规程 T 1102—2006 的规定计算。

7 试验报告

试验报告应包括以下内容:
(1)试样名称、规格;
(2)本次试验所采用的压力、压脚尺寸;
(3)试验结果;

(4)试验用大气条件;
(5)试验日期、试验人员;
(6)试验中规定应说明的情况;
(7)任何偏离规定程序的详细说明。

二、土工膜厚度测定

1 适用范围

1.1 本方法规定了用机械测量法测定土工薄膜、薄片厚度的试验方法。

1.2 本方法适用于没有压花和波纹的土工薄膜、薄片。

2 引用标准

GB 8170　数值修约规则

3 仪器设备及材料

3.1 基准板:表面应平整光滑,并有足够的面积。

3.2 千分表:最小分度值 0.001mm。

4 试验步骤

4.1 取样:除符合本规程 T 1101—2006 的有关规定外,沿样品的纵向距端部大约 1m 的位置横向截取试样,试样条宽 100mm,无折痕和其他缺陷。

4.2 试样调湿和状态调节:按本规程 T 1101—2006 中的第 5 条规定进行。

4.3 基准板、试样和千分表表头应无灰尘、油污。

4.4 测量前将千分表放置在基准板上校准表读值基准点,测量后重新检查基准点是否变动。

4.5 测量厚度时,要轻轻放下表测头,待指针稳定后读值。

4.6 当土工膜(片)宽大于 2 000mm 时,每 200mm 测量一点;膜(片)宽在 300~2 000mm 时,以大致相等间距测量 10 点;膜(片)宽在 100~300mm 时,每 50mm 测量一点;膜(片)宽小于 100mm 时,至少测量 3 点。对于未裁毛边的样品,应在离边缘 50mm 以外进行测量。

5 试验结果

5.1 试验结果以试样的平均厚度和厚度的最大值、最小值表示,计算到小数点后 4 位,按 GB 8170 修约到小数点后 3 位,准确至 0.001mm。

5.2 如果需要,按本规程 T 1102—2006 的规定计算平均厚度的标准偏差 σ 和变异系数 C_v。

6 试验报告

试验报告应包括以下内容:
(1)试样名称、规格;
(2)样条的数量;
(3)试验结果;
(4)试验用大气条件;
(5)试验日期、试验人员;
(6)任何偏离规定程序的详细说明。

条文说明

(1)土工织物厚度是指土工织物在承受一定压力时,正反两面之间的距离。产品的厚度对其力学性能和水力性能都有很大影响。目前国内外测定土工织物及其有关产品厚度的标准有:《土工布 在固定压力下厚度的测定方法》(ISO 9863:1990)、法国标准《土工布试验 厚度的测定》(NF G38-012—1989)、《土工布厚度的测定方法》(GB/T 13761—1992),标准的参数基本一致,见表 T 1112-1。本次修订参照 GB/T 13761—1992 进行。

表 T 1112-1 参 数 对 照 表

标准编号	压脚面积(mm²)	压力(kPa)	加压时间(s)	试件数量
ISO 9863:1990	≥2 500	2/20/200	30	10
NF G38-012—1989	2 500	2/20/200	60	10
GB/T 13761—1992	2 500	2/20/200	30	10

本方法适用于测定土工织物的厚度和复合土工织物的总厚度。对于复合产品中各层厚度的测定应按照《土工布 多层产品中单层厚度的测定方法》(GB/T 17598—1998)中的规定进行。

(2)土工膜厚度的测定是采用机械测量方法测定土工薄膜和薄片厚度,方法参照国际标准《塑料—薄膜和薄片—用机械法测定厚度》(ISO 4593:1993)和国标《塑料薄膜和薄片厚度的测定 机械测量法》(GB 6672—86)的有关技术内容。考虑到机械测厚方法,使用千分表简便易行且测值准确,所以不再将光学法和电子法纳入本规程。

T 1113—2006 幅宽测定

1 适用范围

1.1 本方法规定了土工合成材料幅宽的测定方法。

1.2 本方法适用于土工织物,其他类型的土工合成材料可参照执行。

2 引用标准

GB 8170 数值修约规则

3 定义

幅宽:整幅样品经调湿,除去张力后,与长度方向垂直的整幅宽度为幅宽。

4 仪器设备及材料

4.1 钢尺:分度值为1mm,长度大于试样的宽度。

4.2 测定桌。

5 试验步骤

5.1 取样及试样准备:按本规程 T 1101—2006 的规定取样。

5.2 长度超过5m的样品

5.2.1 消除张力和临时标记

先将样品端头 1~2m 在测定桌上放平,除去张力,在离端头约 1m 处作第一对临时标记;然后轻拉样品至中段在测定桌上放平,除去张力,作第二对临时标记;再拉样品到最后的 1~2m,在测定桌上放平,除去张力,作第三对临时标记。

5.2.2 调湿

样品除去张力后,将其充分暴露在标准大气中调湿。调湿,按本规程 T 1101—2006 中的第5条规定进行,时间至少 24h,直到连续测量3对临时标记处幅宽的差异小于每个标记处幅宽的 0.25% 为止。

5.2.3 测量

将样品的临时标记抹去,放在测定桌上,以大致相等的间距(不超过10m)测量样品的幅宽至少 5 处,测点离样品头尾端至少 1m,测量精确到 1mm。

5.3 长度小于 5m 的样品

将样品平放在测定桌上,除去张力,以大致相等的间距标出至少 4 个标记,但第一个和最后一个标记不应标在距样品两端小于样品长度五分之一处。测量每一标记处的幅宽,测量精确到 1mm。

6 试验结果

6.1 对长度超过 5m 的样品,用 5.2 测得的幅宽值计算算术平均值 $\overline{w}$。

6.2 对长度小于 5m 的样品,用 5.3 测得的幅宽值计算算术平均值 $\overline{w}$。

6.3 计算精确度

计算精确到 1mm。按表 T 1113-1 所列,分档按 GB 8170 规定进行修约。

表 T 1113-1 修 约 表

幅宽(mm)	100~500	500~1 000	1 000 以上
精确度(mm)	1	5	10

6.4 如需要,按本规程 T 1102—2006 的规定计算标准差 σ 和变异系数 C_v。

7 试验报告

试验报告应包括以下内容:
(1)样品名称、规格;
(2)试验日期;
(3)样品幅宽;
(4)样品最大和最小幅宽;
(5)测定的方法;
(6)任何偏离规定程序的详细说明。

条文说明

幅宽是土工合成材料规格中重要的指标之一,直接影响到产品的有效使用面积,为本次修订的新增项。目前土工合成材料尚没有统一专用的幅宽测定方法,土工织物幅宽的测定通常采用纺织品幅宽的测试方法《机织物幅宽的测定》(GB/T 4667—1995),土工塑料膜材和片材则采用《塑料薄膜与片材长度和宽度的测定》(GB/T 6673—2001)的方法。本方法是参照《机织物幅宽的测定》(GB/T 4667—1995)制定的,适用于大多数土工合成材料。

T 1114—2006 土工格栅、土工网网孔尺寸测定

1 适用范围

1.1 本方法规定了土工格栅、土工网网孔尺寸的测定方法。

1.2 本方法适用于各类孔径较大的土工格栅、土工网,其他相同类型的土工合成材料可参照执行。

2 引用标准

GB 8170　数值修约规则

3 定义

当量孔径:土工格栅、土工网等大孔径的土工合成材料,其网孔尺寸是通过换算折合成与其面积相当的圆形孔的孔径来表示的,称为当量孔径。

4 仪器设备及材料

4.1 游标卡尺:量程 200mm,精度 0.02mm。

4.2 其他:坐标纸、铅笔、求积仪。

5 试验步骤

5.1 取样:按本规程 T 1101—2006 的规定取样。

5.2 试样调湿和状态调节:按本规程 T 1101—2006 中的第 5 条规定进行。

5.3 试样制备:除符合本规程 T 1101—2006 的规定外,每块试样应至少包括 10 个完整的有代表性的网孔。

5.4 测试方法

5.4.1 对较规则网孔的试样(图 T 1114-1),当网孔为矩形或偶数多边形时,测量相互平行的两边之间的距离;当网孔为三角形或奇数多边形时,测量顶点与对边的垂直距离。同一测点平行测定两次,两次测定误差应小于 5%,取均值;每个网孔至少测 3 个测点,读数精确到 0.1mm,取均值。

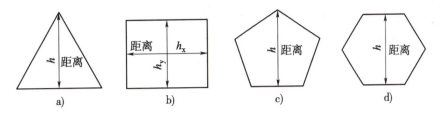

图 T 1114-1　土工格栅、土工网网孔尺寸测试示意图

5.4.2 对于孔边呈弧线或不规则网孔的试样，检测时应将试样平整地放在坐标纸上固定好，用削尖的铅笔紧贴网孔内壁将网孔完整地描画在坐标纸上，用同一坐标纸一次描出所有的应测孔，每个网孔测描两次。

6 结果计算

6.1 计算网孔面积。

6.1.1 对较规则网孔，按下列公式计算网孔面积：

三角形网孔：$A = 0.577\,4h^2$

矩形网孔：$A = h_x h_y$

五边形网孔：$A = 0.726\,5h^2$

六边形网孔：$A = 0.886\,0h^2$

以上式中：A——网孔面积（mm²）；

h——网孔高度（mm）。

6.1.2 对不规则网孔，用求积仪测出坐标纸上每个网孔两次测描的面积，两次测量值误差应小于3%，取均值。

6.2 按下式计算网孔的当量孔径，计算精确到 0.1mm：

$$D_e = 2 \times \sqrt{A/\pi} \tag{T 1114-1}$$

按本规程 T 1102—2006 的规定计算 10 个网孔当量孔径的平均值 $\overline{D_e}$，按 GB 8170 规定修约，精确到 1mm。

标准差 σ 和变异系数 C_v 按本规程 T 1102—2006 的规定计算。

7 试验报告

试验报告应包括以下内容：

(1)试样名称、规格；

(2)本次试验所采用的试验方法；

(3)试验结果；

(4)试验用大气条件；

(5)试验日期；

(6)试验中规定应说明的情况;
(7)任何偏离规定程序的详细说明。

条文说明

本方法未做修订,只是在条文的编排上有所变动。在一些工程中,有时需要确定土工格栅、土工网等大孔径网材的平均孔径,由于这些材料孔径较大而且往往不规则,无法用常规的筛分法或显微镜测量,本方法是针对这类材料制定的。

用卡尺测量时,应注意卡角紧贴孔边但不能使孔边受力变形;用铅笔描画时,也要求如此。在测量和描画时,可从上到下或从左到右依次测量,以免重复。当土工网材网孔形状不在规程所列范围内时,可自己推导面积公式或用求积仪直接测量面积。

5 力学性能试验

T 1121—2006 宽条拉伸试验

1 适用范围

1.1 本方法规定了用宽条试样测定土工织物及其有关产品拉伸性能的试验方法。

1.2 本方法适用于大多数土工合成材料,包括土工织物及复合土工织物,也适用于土工格栅。

1.3 本方法包括测定调湿和浸湿两种试样拉伸性能的程序,包括单位宽度的最大负荷和最大负荷下的伸长率以及特定伸长率下的拉伸力的测定。

2 引用标准

GB/T 6682 分析试验用水—规格和试验方法

3 定义

3.1 名义夹持长度

3.1.1 用伸长计测量时,名义夹持长度:在试样的受力方向上,标记的两个参考点间的初始距离,一般为 60mm(两边距试样对称中心为 30mm),记为 L_0。

3.1.2 用夹具的位移测量时,名义夹持长度:初始夹具间距,一般为 100mm,记为 L_0。

3.2 隔距长度:试验机上下两夹持器之间的距离,当用夹具的位移测量时,隔距长度即为名义夹持长度。

3.3 预负荷伸长:在相当于最大负荷1%的外加负荷下,所测的夹持长度的增加值,以 mm 表示(见图 T 1121-1 中的 L'_0)。

3.4 实际夹持长度:名义夹持长度加上预负荷伸长(预加张力夹持时)。

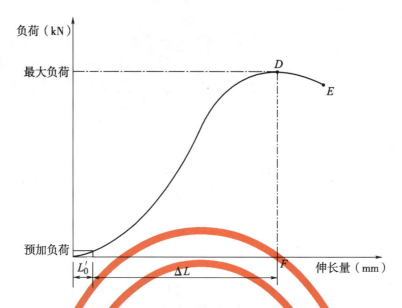

图 T 1121-1　松式夹持试样的负荷-伸长曲线图

3.5 最大负荷：试验中所得到的最大拉伸力，以 kN 表示（见图 T 1121-1 中的 D 点）。

3.6 伸长率：试验中试样实际夹持长度的增加与实际夹持长度的比值，以 % 表示。

3.7 最大负荷下伸长率：在最大负荷下试样所显示的伸长率，以 % 表示。

3.8 特定伸长率下的拉伸力：试样被拉伸至某一特定伸长率时每单位宽度的拉伸力，以 kN/m 表示。

3.9 拉伸强度：试验中试样拉伸直至断裂时每单位宽度的最大拉力，以 kN/m 表示。

4　仪器设备及材料

4.1 拉伸试验机：具有等速拉伸功能，拉伸速率可以设定，并能测读拉伸过程中试样的拉力和伸长量，记录拉力-伸长曲线。

4.2 夹具：钳口表面应有足够宽度，至少应与试样 200mm 同宽，以保证能够夹持试样的全宽，并采用适当措施避免试样滑移和损伤。

注：对大多数材料宜使用压缩式夹具，但对那些使用压缩式夹具出现过多钳口断裂或滑移的材料，可采用绞盘式夹具。

4.3 伸长计：能够测量试样上两个标记点之间的距离，对试样无任何损伤和滑移，能反映标记点的真实动程。伸长计包括力学、光学或电子形式的。伸长计的精度应不超过 ±1mm。

4.4 蒸馏水:仅用于浸湿试样,见 GB/T 6682。

4.5 非离子润湿剂:仅用于浸湿试样。

5 试样制备

5.1 取样:按本规程 T 1101—2006 的规定取样。

5.2 试样数量:纵向和横向各剪取至少 5 块试样。

5.3 试样尺寸

5.3.1 无纺类土工织物试样宽为 200mm±1mm(不包括边缘),并有足够的长度以保证夹具间距 100mm;为控制滑移,可沿试样的整个宽度与试样长度方向垂直地画两条间隔 100mm 的标记线(不包含绞盘夹具)。

5.3.2 对于机织类土工织物,将试样剪切约 220mm 宽,然后从试样的两边拆去数目大致相等的边线以得到 200mm±1mm 的名义试样宽度,这有助于保持试验中试样的完整性。

注:当试样的完整性不受影响时,则可直接剪切至最终宽度。

5.3.3 对于土工格栅,每个试样至少为 200mm 宽,并具有足够长度。试样的夹持线在节点处,除被夹钳夹持住的节点或交叉组织外,还应包含至少 1 排节点或交叉组织;对于横向节距大于或等于 75mm 的产品,其宽度方向上应包含至少两个完整的抗拉单元。

如使用伸长计,标记点应标在试样的中排抗拉肋条的中心线上,两个标记点之间应至少间隔 60mm,并至少含有 1 个节点或 1 个交叉组织。

5.3.4 对于针织、复合土工织物或其他织物,用刀或剪子切取试样可能会影响织物结构,此时允许采用热切,但应在试验报告中说明。

5.3.5 当需要测定湿态最大负荷和干态最大负荷时,剪取试样长度至少为通常要求的两倍。将每个试样编号后对折剪切成两块,一块用于测定干态最大负荷,另一块用于测定湿态最大负荷,这样使得每一对拉伸试验是在含有同样纱线的试样上进行的。

5.4 试样调湿和状态调节

5.4.1 土工织物

干态试验所用试样的调湿,按本规程 T 1101—2006 中的第 5.1 条规定进行。

湿态试验所用试样应浸入温度为20℃±2℃的蒸馏水中，浸润时间应足以使试样完全润湿或者至少24h。为使试样完全湿润，也可以在水中加入不超过0.05%的非离子型润湿剂。

5.4.2 塑料土工格栅
塑料土工格栅试样状态调节按本规程 T 1101—2006 中的第5.2条规定进行。

5.4.3 如确认试样不受环境影响，则可不进行调湿和状态调节，但应在报告中注明试验时的温度和湿度。

6 试验步骤

6.1 拉伸试验机的设定
土工织物，试验前将两夹具间的隔距调至100mm±3mm；土工格栅按本方法5.3.3规定进行。选择试验机的负荷量程，使断裂强力在满量程负荷的30%~90%之间。设定试验机的拉伸速度，使试样的拉伸速率为名义夹持长度的(20%±1%)/min。

如使用绞盘夹具，在试验前应使绞盘中心间距保持最小，并且在试验报告中注明使用了绞盘夹具。

6.2 夹持试样
将试样在夹具中对中夹持，注意纵向和横向的试样长度应与拉伸力的方向平行。合适的方法是将预先画好的横贯试件宽度的两条标记线尽可能地与上下钳口的边缘重合。对湿态试样，从水中取出后3min内进行试验。

6.3 试样预张
对已夹持好的试件进行预张，预张力相当于最大负荷的1%，记录因预张试样产生的夹持长度的增加值 L'_0。

6.4 使用伸长计时
在试样上相距60mm处分别设定标记点（分别距试样中心30mm），并安装伸长计，注意不能对试样有任何损伤，并确保试验中标记点无滑移。

6.5 测定拉伸性能
开动试验机连续加荷直至试样断裂，停机并恢复至初始标距位置。记录最大负荷，精确至满量程的0.2%；记录最大负荷下的伸长量 ΔL，精确到小数点后一位。

如试样在距钳口5mm范围内断裂，结果应予剔除；纵横向每个方向至少试验5块有效试样。如试样在夹具中滑移，或者多于1/4的试样在钳口附近5mm范围内断裂，可采取下列措施：

(1)夹具内加衬垫；

(2)对夹在钳口内的试样加以涂层；

(3)改进夹具钳口表面。

无论采用了何种措施,都应在试验报告中注明。

6.6 测定特定伸长率下的拉伸力

使用合适的记录测量装置测定在任一特定伸长率下的拉伸力,精确至满量程的0.2%。

7 结果计算

7.1 拉伸强度

使用公式(T 1121-1)计算每个试样的拉伸强度：

$$\alpha_f = F_f C \quad \text{(T 1121-1)}$$

式中：α_f——拉伸强度(kN/m)；

F_f——最大负荷(kN)；

C——由式(T 1121-2)或式(T 1121-3)求出；

对于非织造品、高密织物或其他类似材料：

$$C = 1/B \quad \text{(T 1121-2)}$$

B——试样的名义宽度(m)；

对于稀松机织土工织物、土工网、土工格栅或其他类似的松散结构材料：

$$C = N_m/N_s \quad \text{(T 1121-3)}$$

N_m——试样 1m 宽度内的拉伸单元数；

N_s——试样内的拉伸单元数。

7.2 最大负荷下的伸长率(见图 T 1121-1)

使用公式(T 1121-4)计算每个试样的伸长率：

$$\varepsilon = \frac{\Delta L}{L_0 + L'_0} \times 100 \quad \text{(T 1121-4)}$$

式中：ε——伸长率(%)；

L_0——名义夹持长度(使用夹具时为 100mm,使用伸长计时为 60mm)；

L'_0——预负荷伸长量(mm)；

ΔL——最大负荷下的伸长量(mm)。

7.3 特定伸长率下的拉伸力

计算每个试样在特定伸长率下的拉伸力,用公式(T 1121-5)计算,用 kN/m 表示。

例如,伸长率 2%时的拉伸力：

$$F_{2\%} = f_{2\%} C \qquad (\text{T } 1121\text{-}5)$$

式中：$F_{2\%}$——对应 2% 伸长率时每延米拉伸力（kN/m）；
$f_{2\%}$——对应 2% 伸长率时试样的测定负荷（kN）；
C——由式（T 1121-2）或式（T 1121-3）中求出。

7.4 平均值和变异系数

7.4.1 按本规程 T 1102—2006 的规定分别对纵向和横向两组试样的拉伸强度、最大负荷下伸长率及特定伸长率下的拉伸力计算平均值和变异系数，拉伸强度和特定伸长率下的拉伸力精确至 3 位有效数字，最大负荷下伸长率精确至 0.1%，变异系数精确至 0.1%。

7.4.2 每组有效试样为 5 块。

8 试验报告

试验报告应包括以下内容：
(1) 试样名称、规格；
(2) 试样状态，湿样或干样；
(3) 每个方向的试样数量；
(4) 纵向和横向的拉伸强度；
(5) 纵向和横向最大负荷下的伸长率；
(6) 如果需要，分别计算出与 2%、5% 和 10% 的伸长率相对应的拉伸力；
(7) 测定值的标准偏差或变异系数；
(8) 试验机的型号；
(9) 夹具型式，包括夹具尺寸、钳口表面型式、变形测量系统和初始夹具隔距；
(10) 如果需要，给出典型的负荷-伸长曲线；
(11) 任何偏离规定程序的详细说明。

条文说明

土工合成材料的拉伸强度和最大负荷下伸长率是各项工程设计中最基本的技术指标，拉伸性能的好坏，可以通过拉伸试验进行测试。

测定土工织物拉伸性能的试验方法有宽条法和窄条法。由于窄条试样在拉伸的过程中会产生明显的横向收缩（颈缩），使测得的拉伸强度和伸长率不能真实反映样品的实际情况；而采用宽条试样和较慢的拉伸速率，可以有效地降低横向收缩，使试验结果更加符合实际情况，所以国际标准和国外先进国家的相关标准以及国标土工织物拉伸均采用宽条法（见表 T 1121-1）。大量试验数据表明，50mm 窄条样法和 200mm 宽条样法试验结果没有可比性，不存在相关关系，所以不能用折算的方法将窄条试验的结果折算为宽条试验的结果。

表 T 1121-1　土工合成材料宽条拉伸试验国内外标准及主要参数

标准编号		试样宽度(宽条)(mm)	隔距长度(mm)	拉伸速率(mm/min)
国际标准	ISO 10319:1996	200	100±3	(20%±5%)/min
美国	ASTM D4595—1986	200	100±3	10±3
英国	BS 6906.1—1987	200	100±3	10±3
法国	NF G38-012—1989	≥500	≥100	50±5
国标	GB/T 15788—1995	200	100±3	20±5

测定土工格栅拉伸性能的试验方法,目前国内标准有《土工合成材料　塑料土工格栅》(GB/T 17689—1999)和《玻璃纤维土工格栅》(JC 839.1—1998),这两种方法都是采用单筋拉伸;而国际标准《土工布　宽条拉伸试验》(ISO 10319:1996)和新修订的国标《土工布及其产品　宽条样法》(GB/T 15788)包括土工格栅,采用的是宽条法。

本次修订,新增的宽条拉伸试验方法,非等效采用了 ISO 10319:1996(宽条样法),对于土工织物不再保留窄条法,对土工格栅增加了宽条法。与国标 GB/T 15788—1995 相比,主要不同点是:

(1)明确了"宽条拉伸试验方法"适用于土工织物、土工格栅拉伸性能试验,但不适用于土工膜,土工膜应采用《塑料拉伸性能试验方法》(GB/T 1040—1992)。

(2)给出了伸长率的定义及计算公式,增加了名义夹持长度、实际夹持长度、预负荷伸长和隔距长度的术语定义。

(3)操作步骤中,明确规定了对夹持样品的预张,预张力为最大负荷的1%;拉伸速率由 20mm/min 改为名义夹持长度的(20%±1%)/min。

(4)结果计算不再涉及割线模量,但给出了特定伸长率下拉伸力的计算公式。

(5)在实际操作中,如施加预张力夹持试样较为烦琐,而拉伸试验机又具有绘制应力-应变曲线的功能,也可采用松式法夹持试样,但在计算伸长率时要把预负荷伸长考虑进去。

T 1122—2006　接头/接缝宽条拉伸试验

1　适用范围

1.1　本方法规定了用宽条样测定土工合成材料接头和接缝拉伸性能的试验方法。方法包括测定调湿和浸湿两种试样拉伸性能的程序。

1.2　本方法适用于大多数土工合成材料,包括土工织物、土工复合材料,也适用于土工格栅,但试样尺寸要作适当改变。

2　引用标准

GB/T 6682　分析试验用水—规格和试验方法

3 定义

3.1 接缝
两块或多块土工合成材料缝合起来的连续缝迹。

3.2 接头
两块或多块分开的土工合成材料,由除缝合外的其他方法接合起来的联结处。

3.3 接头/接缝强度
由缝合或接合两块或多块土工合成材料所形成的联结处的最大抗拉力,以 kN/m 为单位。

3.4 接头/接缝效率
接头/接缝强度与在同方向上所测定的土工合成材料的强度之比,以%表示。

4 仪器设备及材料

4.1 拉伸试验机:具有等速拉伸功能,拉伸速率可以设定,并能测读拉伸过程中试样的拉力和伸长量,记录拉力-伸长曲线。

4.2 夹具:钳口应有足够宽度,至少应与试样同宽(200mm),以保证能够夹持试样的全宽,并采用适当措施避免试样滑移和损伤。

4.3 蒸馏水:符合 GB/T 6682 的要求。

4.4 非离子润湿剂。

5 试样制备

5.1 取样:按本规程 T 1101—2006 的规定取样。

5.2 试样数量:剪取含接头/接缝试样至少5块,每块试样应含有一个接缝或接头,如需要湿态试验,另增加5块试样。

5.3 制样:如样品无接缝或接头,需要制备接缝或接头时,应根据施工实际中接头/接缝的形式和有关方面的协议制备试样。剪取试样单元至少10个(每两个为一组),每个单元尺寸应满足制备后的试样尺寸符合测定的要求。

注:试样制备时,两个接合或缝合在一起的单元应是同一方向(纵向或横向),而且接头/接缝应垂直于受力方向。为控制滑移,可沿试样的整个宽度与试样长度方向垂直地画两条间隔 100mm 的标记线。

5.4 试样尺寸

5.4.1 从接合或缝合的样品中剪取试样,每块试样的长度不少于200mm,接头/接缝应在试样的中间部位,并垂直于受力方向,每块试样最终宽度为200mm,按图 T 1122-1 所示剪取试样,A 角为90°。

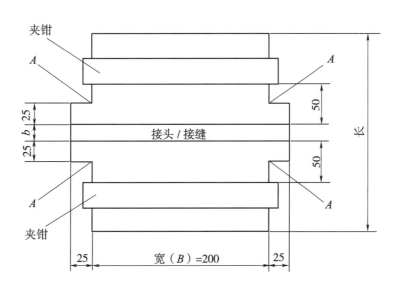

图 T 1122-1　土工织物试样尺寸图(尺寸单位:mm)

5.4.2 对于机织土工织物,在距试样中心线 $25mm + b/2$ 的距离处剪 25mm 长的切口,以便拆去边纱得到 200mm 的名义宽度(见图 T 1122-1)。

5.4.3 对于土工格栅和土工网,试样宽度至少为200mm,包含不少于5个拉伸单元,长度应大于100mm加接头宽度,接头两侧应含有至少一排节点或交叉组织,这些节点或交叉组织不应包括被夹钳夹持住的及形成接头的节点或交叉组织,剪去离开该排节点 10mm 处的肋条或交叉组织(见图 T 1122-2)。试样的交叉组织至少应比被测试的拉伸单元宽1个节距,以利形成接头。

5.4.4 对于针织土工织物、复合土工织物或其他土工织物,用刀剪切试样可能会影响其结构,此时可采用热切,但应避免损伤图 T 1122-1 中 A 的部位。

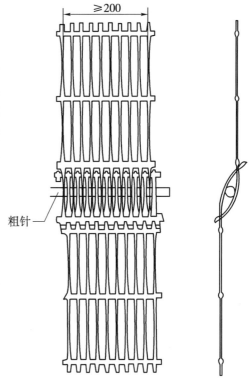

图 T 1122-2　土工格栅试样图(尺寸单位:mm)

5.5 试样调湿和状态调节:按本规程 T 1121—

2006 中的 5.4 条规定进行。

6 试验步骤

6.1 拉伸试验机的设定

调整两夹具间的隔距为 100mm ± 3mm 再加上接缝或接头宽度,土工格栅、土工网除外。选择试验机的负荷量程,使断裂强力在满量程负荷的 30%～90% 之间。设定试验机的拉伸速度,使试样的拉伸速率为名义夹持长度的(20% ± 1%)/min。

6.2 夹持试样

将试样放入夹钳中心位置,长度方向与受力方向平行,保证标记线与钳口吻合,以便观察试验过程中试样是否出现打滑。

对于湿态试样,从水中取出后 3min 内进行试验。

6.3 测定接头/接缝拉伸强度

开启拉伸试验机,直至接头/接缝或材料本身断裂,记录最大负荷,精确至满量程的 2%,观察和记录断裂原因:

(1)试样断裂;
(2)缝线断裂;
(3)试样与接头/接缝滑脱;
(4)接缝开裂;
(5)上述两种或多种组合;
(6)其他。

如果试样是从图 T 1122-1 A 点处开始断裂,或试样在夹具中打滑,则应剔除该试验结果并另取一试样进行测试。

7 结果计算

7.1 接头/接缝强度

按式(T 1122-1)分别计算纵向或横向的接头/接缝强度,精确至 3 位有效数字。

$$S_f = F_f C \quad \text{(T 1122-1)}$$

式中:S_f——接头/接缝强度(kN/m);

F_f——最大负荷(kN);

C——计算系数,由式(T 1122-2)或式(T 1122-3)求得。

对于土工织物或类似小孔结构材料:

$$C = 1/B \quad \text{(T 1122-2)}$$

对于土工网、土工格栅或类似材料:

$$C = N_m/N_s \quad \text{(T 1122-3)}$$

B——试样宽度(m);

N_m——样品 1m 宽内的拉伸单元数；

N_s——试样内的拉伸单元数。

7.2 按本规程 T 1102—2006 的规定计算 5 块试样的接头/接缝强度的平均值 $\overline{S}_\mathrm{f}$、接头/接缝强度的变异系数 C_v。

7.3 接头/接缝效率

如果需要计算接头/接缝效率,按本规程 T 1121—2006(宽条拉伸试验方法)测定 5 块无接头/接缝试样的平均拉伸强度 $\overline{\alpha}_\mathrm{f}$,其拉伸方向应与接头/接缝试样相同。

按式(T 1122-4)计算接头/接缝效率,计算至小数点后 1 位。

$$E = (\overline{S}_\mathrm{f}/\overline{\alpha}_\mathrm{f}) \times 100 \qquad (\text{T 1122-4})$$

式中：E——接头/接缝效率(%)；

$\overline{S}_\mathrm{f}$——平均接头/接缝强度(kN/m)；

$\overline{\alpha}_\mathrm{f}$——无接头/接缝材料的平均拉伸强度(kN/m)。

8 试验报告

试验报告应包括以下内容：
(1)样品名称、规格、产品的接合方法及方向、试样是否采用热切；
(2)试样的状态,即干态或湿态；
(3)拉伸试验机的类型及夹具型式；
(4)接头/接缝强度的单个值、平均值和变异系数；
(5)每一试样的断裂类型；
(6)如果需要的话,给出接头/接缝效率；
(7)任何偏离规定程序的详细说明。

条文说明

施工中土工合成材料的接头/接缝是不可避免的,而接头和接缝处往往是整个结构中的薄弱点,从某种意义上讲接头/接缝的强度就是整个产品的强度,直接影响工程的质量和寿命,所以新增了"接头/接缝宽条拉伸试验"方法。方法非等效采用了《土工布—接头/接缝宽条拉伸试验》(ISO 10321:1996),目的是通过测试产品的接头/接缝拉伸强度,来了解该产品实际可达到的强度,也可以与无接头/接缝的同一产品的拉伸强度进行比较,确定该产品的接头/接缝效率。目前国内外关于土工合成材料接头/接缝强度的标准见表 T 1122-1。

接头/接缝宽条拉伸试验方法适用于含有接头/接缝的土工织物和土工格栅,是对现成的接缝样品进行测试,对于无接头或接缝的样品不适用。这是因为试验方法中没有规定接头/接缝形式,但如果有协议,或委托方提供具体的接头/接缝方法,则可按协议或提供的方法制备试样。另外,试验不计算伸长率。

表 T 1122-1 土工织物及其产品接缝强度标准及主要参数

标准编号	试样宽度(mm)	标距长度(mm)	拉伸速率(mm/min)
ISO 10321:1996	200	100+接缝宽度±3	(20%±5%)/min
ASTM 4884—1996	200	100	10±3
AS 3706.6—1990	200	100+接缝宽度	20
GB/T 16989—1997	200	100+接缝宽度±3	20

T 1123—2006 条带拉伸试验

1 适用范围

1.1 本方法规定了单筋、单条试样测定土工合成材料拉伸性能的试验方法。

1.2 本方法适用于各类土工格栅、土工加筋带。

2 引用标准

GB 8170 数值修约规则

3 定义

3.1 名义夹持长度

3.1.1 用伸长计测量时,名义夹持长度:在试样的受力方向上,标记的两个参考点间的初始距离,一般为60mm(两边距试样对称中心为30mm),记为 L_0。

3.1.2 用夹具的位移测量时,名义夹持长度:初始夹具的间距,一般为100mm,记为 L_0。

3.2 预负荷伸长

在相当于最大负荷1%的外加负荷下,所测的夹持长度的增加值,以 mm 表示(见图 T 1123-1 中的 L'_0)。

3.3 隔距长度

试验机上下两夹持器之间的距离。当用夹具的位移测量时,隔距长度即为名义夹持长度。

3.4 实际夹持长度

名义夹持长度加预负荷伸长(预加张力夹持时)。

3.5 最大负荷

试验中所得到的最大拉伸力,以 kN 表示(见图 T 1123-1 中的 D 点)。

图 T 1123-1　松式夹持试样的负荷-伸长曲线图

3.6　伸长率
试验中试样实际夹持长度内变形的增加量与实际夹持长度的比值,以%表示。

3.7　最大负荷下伸长率
在最大负荷下试样所显示的伸长率,以%表示。

3.8　拉伸强度
土工格栅试样被拉伸直至断裂时每单位宽度的最大拉伸力,以 kN/m 表示。

3.9　断裂拉力
土工加筋带单条试样被拉伸直至断裂过程中所能承受的最大拉力,以 kN 表示。

4　仪器设备及材料

4.1　拉伸试验机:具有等速拉伸功能,拉伸速率可以设定,并能测读拉伸过程中试样的拉力和伸长量,记录拉力-伸长曲线。

4.2　夹具:钳口应有足够的约束力,允许采用适当措施避免试样滑移和损伤。
注:对大多数材料宜使用压缩式夹具,但对那些使用压缩式夹具出现过多钳口断裂或滑移的材料,可采用绞盘式夹具。

4.3　伸长计:能够测量试样上两个标记点之间的距离,对试样无任何损伤和滑移,能反映标记点的真实动程。伸长计包括力学、光学或电子形式的,精度应不超过 ±1mm。

5 试样制备

5.1 取样:按本规程 T 1101—2006 的规定取样。

5.2 试样数量:土工格栅纵向和横向各裁取至少 5 根单筋试样;土工加筋带裁取至少 5 条试样。

5.3 试样尺寸

5.3.1 对于土工格栅,单筋试样应有足够的长度,试样的夹持线在节点处,除被夹钳夹持住的节点或交叉组织外,还应包含至少 1 个节点或交叉组织。

如使用伸长计,标记点应标在筋条试样的中心上,两个标记点之间应至少间隔 60mm,并至少含有 1 个节点或 1 个交叉组织,夹持长度应为数个完整节距。

5.3.2 对于土工加筋带,试样应有足够的长度以保证夹具间距 100mm。为控制滑移,可沿试样的整个宽度与试样长度方向垂直地画两条间隔 100mm 的标记线(不包含绞盘夹具)。

5.4 试样调湿和状态调节:按本规程 T 1101 中的第 5 条规定进行。

6 试验步骤

6.1 拉伸试验机的设定

选择试验机的负荷量程,使断裂强力在满量程负荷的 30%～90% 之间。设定试验机的拉伸速度,使试样的拉伸速率为名义夹持长度的 (20%±1%)/min。如使用绞盘夹具,在试验前应使绞盘中心间距保持最小,并且在试验报告中注明使用了绞盘夹具。

6.2 试样的夹持和预张

将试样在夹具中对中夹持,对已夹持好的试件进行预张,预张力相当于最大负荷的 1%,记录因预张试样产生的夹持长度的增加值 L'_0(见图 T 1123-1)。

6.3 使用伸长计时

在分别距试样中心 30mm 的两个标记点处安装伸长计,不能对试样有任何损伤,并确保试验中标记点无滑移。

6.4 测定拉伸性能

开动试验机连续加荷直至试样断裂,停机并恢复至初始标距位置,记录最大负荷,精确至满量程的 0.2%;记录最大负荷下的伸长量,精确到小数点后 1 位。

如试样在距钳口 5mm 范围内断裂,结果应予剔除。如试样在夹具中滑移,或者多于

1/4 的试样在钳口附近 5mm 范围内断裂,可采取下列措施:

(1)夹具内加衬垫;

(2)对夹在钳口内的试样加以涂层;

(3)改进夹具钳口表面。

无论采用了何种措施,都应在试验报告中注明。

6.5 测定特定伸长率下的拉伸力

使用合适的记录测量装置测定在任一特定伸长率下的拉伸力,精确至满量程的0.2%。

7 结果计算

7.1 拉伸强度

7.1.1 土工格栅试样拉伸强度按式(T 1123-1)计算:

$$\alpha_f = fn/L \quad (T\ 1123\text{-}1)$$

式中:α_f——拉伸强度(kN/m);

f——试件的最大拉伸力(kN);

n——样品宽度上的筋数;

L——样品宽度(m)。

7.1.2 土工加筋带试样断裂拉力,以试件最大拉伸力表示,单位为 kN。

7.2 试样最大负荷下的伸长率按式(T 1123-2)计算(见图 T 1123-1):

$$\varepsilon = \frac{\Delta L}{L_0 + L_0'} \times 100 \quad (T\ 1123\text{-}2)$$

式中:ε——最大负荷下的伸长率(%);

L_0——名义夹持长度(使用夹具时为 100mm,使用伸长计时为 60mm);

L_0'——预负荷伸长量(mm);

ΔL——最大负荷下的伸长量(mm)。

7.3 特定伸长率下的拉伸力

7.3.1 土工格栅试样特定伸长率下的拉伸力按式(T 1123-3)计算。

例如,伸长率为 2%时的拉伸力:

$$F_{2\%} = f_{2\%} n/L \quad (T\ 1123\text{-}3)$$

式中:$F_{2\%}$——对应 2%伸长率时每延米拉伸力(kN/m);

$f_{2\%}$——对应 2%伸长率时试件的拉伸力(kN);

n——样品宽度上的筋数;

L——样品宽度(m)。

7.3.2 土工加筋带试样特定伸长率下的拉伸力以试件特定伸长率下的拉力表示,单位为 kN。

7.4 平均值和变异系数

7.4.1 按本规程 T 1102—2006 的规定对土工格栅的拉伸强度、最大负荷下伸长率和特定伸长率下的拉伸力计算平均值和变异系数。

7.4.2 按本规程 T 1102—2006 的规定对土工加筋带的断裂拉力、最大负荷下伸长率和特定伸长率下的拉伸力计算平均值和变异系数。

7.4.3 拉伸强度、断裂拉力和特定伸长率下的拉伸力精确至 3 位有效数字,最大负荷下伸长率计算到小数点后 1 位,按 GB 8170 修约到整数,变异系数精确至 0.1%。

7.4.4 每组有效试样为 5 个。

8 试验报告

试验报告应包括以下内容:
(1)试样名称、规格型号;
(2)试样状态;
(3)每个方向的试样数量;
(4)纵向和横向的平均拉伸强度;
(5)纵向和横向最大负荷下的伸长率;
(6)如果需要,计算特定伸长率下的拉伸力;
(7)标准偏差或变异系数;
(8)试验机的型号;
(9)夹具型式,包括夹具尺寸、钳口表面型式、变形测量系统和初始夹具隔距;
(10)任何偏离规定程序的详细说明。

条文说明

土工合成材料的拉伸性能试验方法主要有两种:一种是宽条样法,用于土工织物、复合土工织物,也包括土工格栅,其代表性试验方法是国标《土工布 拉伸试验方法 宽条样法》(GB/T 15788—1995);另一种是单筋、单条拉伸试验,用于各类土工格栅和土工加筋带,其代表性试验方法是《土工合成材料 塑料土工格栅》(GB/T 17689—1999)、《玻璃纤维土工格栅》(JC 839.1—1998)和《土工加筋带》(JT/T 517—2004)。

本次规程修订参照了上述标准,与1998年版条带拉伸试验相比,主要修改点有:

(1)明确了条带拉伸试验为单筋、单条拉伸试验,适用于各类土工格栅和土工加筋带。

(2)增加了术语定义,给出了名义夹持长度、隔距长度、预负荷伸长、实际夹持长度、最大负荷、伸长率、拉伸强度和断裂拉力的定义。

(3)操作步骤中,明确规定了对夹持样品的预张,预张力为最大负荷的1%;拉伸速率由50mm/min改为名义夹持长度的(20%±1%)/min。

(4)如实际操作中,施加预张力夹持试样较为烦琐,而拉伸试验机又具有绘制应力-应变曲线的功能,也可采用松式法夹持试样,但在计算伸长率时要把预负荷伸长考虑进去。

T 1124—2006 粘焊点极限剥离力试验

1 适用范围

1.1 本方法规定了测定粘焊土工格栅粘焊点极限剥离力的试验方法。

1.2 本方法适用于测定各类粘焊土工格栅粘焊点的极限剥离力,其他土工合成材料粘焊点极限剥离力的测定可参照执行。

2 引用标准

GB 8170 数值修约规则

3 仪器设备及材料

3.1 拉伸试验机:应具有等速拉伸功能,拉伸速率可以设定和控制。

3.2 剥离试验专用夹具:应有足够宽度,以能够夹持不同宽度试样,并能保持剥离时试样不滑移和损伤。

4 试样制备

4.1 取样:按本规程 T 1101—2006 的规定取样。

4.2 制样:单向格栅横向截取5个剥离试样,双向格栅纵横向各截取5个剥离试样,每个剥离试样都含一个粘焊点,试件见图 T 1124-1。

4.3 试样调湿和状态调节:按本规程 T 1101—2006 中的第5条规定进行。

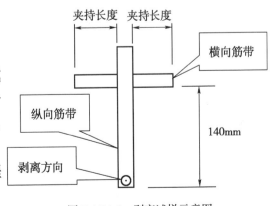

图 T 1124-1 剥离试样示意图

5 试验步骤

5.1 拉伸试验机试验条件的设定

选择量程范围,使剥离最大负荷在满量程负荷的 30%~90% 范围之间,并设定拉伸速率为 50mm/min ± 5mm/min。

5.2 夹持试样

安装剥离拉伸试验专用夹具,将试样横向筋带夹持在夹具中,调整夹持器的间距,使夹具水平夹住试样粘焊点横向筋带的两端(靠近纵向筋带处),夹持长度为横向筋带宽度的两倍并且不小于 50mm,使两夹持面和剥离轴线处在同一平面上,以保证剥离时试样不发生扭曲,并使剥开面向着操作者(见图 T 1124-1)。

5.3 启动试验机

启动拉伸试验机进行试样粘焊点的剥离试验,直到粘焊点完全剥离方可停机,记录剥离时的最大剥离力,以 N 为单位。

6 试验结果

6.1 粘焊点极限剥离力

单向格栅粘焊点极限剥离力,以横向 5 个试样最大剥离力的算术平均值表示。

双向格栅粘焊点极限剥离力,分别以横向 5 个、纵向 5 个试样的最大剥离力的算术平均值表示。

计算到小数点后 1 位,以 N 为单位,按 GB 8170 修约到整数。

6.2

如果需要,按本规程 T 1102—2006 的规定计算格栅粘焊点极限剥离力的变异系数 C_v,变异系数精确至 0.1%。

7 试验报告

试验报告应包括以下内容:
(1)样品名称、规格型号和状态描述;
(2)试验结果;
(3)试验日期;
(4)试验用的仪器类型;
(5)试验用的大气条件;
(6)试验中规定应注明的情况;
(7)任何偏离规定程序的详细说明。

条文说明

粘焊格栅是近年新兴起的土工格栅产品,交通部标准《交通工程土工合成材料 土工格栅》(JT/T 480—2002)对粘焊土工格栅粘焊点的极限剥离力提出了要求。为规范和统一粘焊点极限剥离力的测定方法,本次修订新增了粘焊点极限剥离力的试验方法。本方法参照交通部标准《交通工程土工合成材料 土工格栅》(JT/T 480—2002)附录 A 的有关技术要求,其他土工合成材料粘焊点极限剥离力的测定亦可参照执行。

T 1125—2006 梯形撕破强力试验

1 适用范围

1.1 本方法规定了用梯形试样测定土工织物撕破强力的方法。

1.2 本方法适用于测定土工织物的梯形撕破强力。

2 引用标准

GB 8170 数值修约规则

3 仪器设备及材料

3.1 拉伸试验机:应具有等速拉伸功能,拉伸速率可以设定,并能测读拉伸过程中的应力、应变量,记录应力-应变曲线。

3.2 夹具:钳口表面应有足够宽度,以保证能够夹持试样的全宽,并采用适当措施避免试样滑移和损伤。

4 试样制备

4.1 取样:按本规程 T 1101—2006 的规定取样。

4.2 制样:纵向和横向各取 10 块试样,试件尺寸见图 T 1125-1。试样上不得有影响试验结果的可见疵点。在每块试样的梯形短边正中处剪一条垂直于短边的 15mm 长的切口,并画上夹持线。

4.3 试样调湿和状态调节:按本规程 T 1101—2006 中的第 5 条规定进行。

5 试验步骤

5.1 调整拉伸试验机卡具的初始距离为 25mm,设定满量程范围,使试样最大撕破负荷

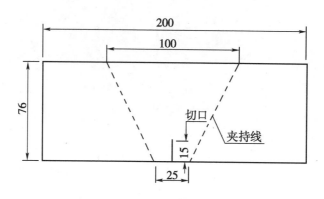

图 T 1125-1 梯形试样平面图(尺寸单位:mm)

在满量程负荷的 30%～90% 范围内,设定拉伸速率为 100mm/min ± 5mm/min。

5.2 将试样放入卡具内,使夹持线与夹钳钳口线相平齐,然后旋紧上、下夹钳螺栓,同时要注意试样在上、下夹钳中间的对称位置,使梯形试样的短边保持垂直状态。

5.3 开动拉伸试验机,直至试样完全撕破断开,记录最大撕破强力值,以 N 为单位。

5.4 如试样从夹钳中滑出或不在切口延长线处撕破断裂,则应剔除此次试验数值,并在原样品上再裁取试样,补足试验次数。

6 试验结果

6.1 按本规程 T 1102—2006 的规定分别计算纵、横向撕破强力的平均值和变异系数。

6.2 纵、横向撕破强力以各自 10 次试验的算术平均值表示,以 N 为单位,计算到小数点后 1 位,按 GB 8170 修约到整数;变异系数精确至 0.1%。

7 试验报告

试验报告应包括以下内容:
(1)样品名称、规格型号和状态描述;
(2)试验结果;
(3)试验日期;
(4)试验用的仪器类型;
(5)试验用的大气条件;
(6)试验中规定应注明的情况;
(7)任何偏离规定程序的详细说明。

条文说明

目前,国内外关于土工织物梯形撕破强力试验方法的标准有《土工布—试验方法—第 4 部分:抗撕破试验》(ISO 9073.4:1997)、美国《土工布梯形撕破强力测定》(ASTM D4533—1991)、澳大利亚《土工布试验方法—方法3:测定撕破强力—梯形法》(AS 3706.3—1990)和《土工布梯形撕破强力试验方法》(GB/T 13763—1992),其主要参数见表 T 1125-1。

表 T 1125-1　土工织物梯形撕破强力试验方法标准及主要参数

标准编号	试样尺寸	试样数量(块)	拉伸速率(mm/min)
ISO 9073.4:1997	梯形尺寸	10(每个方向)	100
ASTM D4533—1991	梯形尺寸	10(每个方向)	300
AS 3706.3—1990	梯形尺寸	5(每个方向)	300
GB/T 13763—1992	梯形尺寸	10(每个方向)	50±5

本方法非等效采用《土工布—试验方法—第4部分:抗撕破试验》(ISO 9073.4),较原规程,拉伸速率由50mm/min±5mm/min修改为100mm/min±5mm/min。本方法适用于土工织物,不适用于塑料薄膜类土工合成材料,该类材料国内常用标准为《塑料直角撕破性能试验方法》(QB/T 1130—1991)。

T 1126—2006　CBR 顶破强力试验

1　适用范围

1.1　本方法规定了测定土工织物顶破强力、顶破位移和变形率的试验方法。

1.2　本方法适用于土工织物、土工膜及其复合产品。

2　引用标准

GB 8170　数值修约规则

3　定义

3.1　顶破强力
顶压杆顶压试样直至破裂过程中测得的最大顶压力。

3.2　顶破位移
从顶压杆顶端开始与试样表面接触时起,直至达到顶破强力时,顶压杆顶进的距离。

3.3　变形率
环形夹具内侧至顶压杆边缘之间试样的长度变化百分率。

4　仪器设备及材料

4.1　试验机:应具有等速加荷功能,加荷速率可以设定,并能测读加荷过程中的应力、应变量,记录应力-应变曲线。

4.2 顶破夹具:夹具夹持环底座高度须大于100mm,环形夹具内径为150mm(见图 T 1126-1),其中心必须在顶压杆的轴线上。

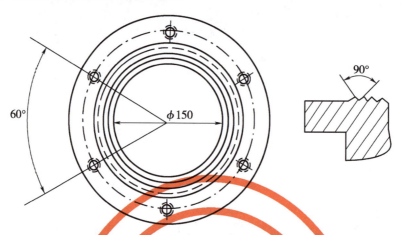

图 T 1126-1 夹持设备(尺寸单位:mm)

4.3 顶压杆:直径为50mm、高度为100mm的圆柱体,顶端边缘倒成2.5mm半径的圆弧(见图 T 1126-2)。

5 试样制备

5.1 取样:按本规程 T 1101—2006 的规定取样。

5.2 制样:裁取 φ300mm 的圆形试样5块,试样上不得有影响试验结果的可见疵点,在每块试样离外圈50mm处均等开6条8mm宽的槽(见图 T 1126-3)。

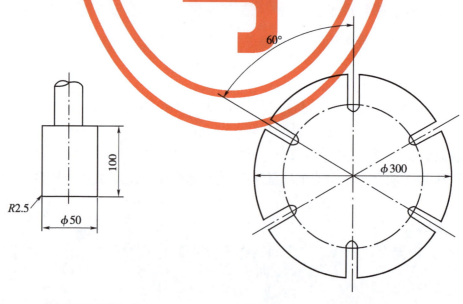

图 T 1126-2 顶压杆(尺寸单位:mm)　　　图 T 1126-3 试样(尺寸单位:mm)

5.3 试样调湿和状态调节:按本规程 T 1101—2006 中的第 5 条规定进行。

6 试验步骤

6.1 试样夹持:将试样放入环形夹具内,使试样在自然状态下拧紧夹具,以避免试样在顶压过程中滑动或破损。

6.2 将夹持好试样的环形夹具对中放于试验机上,设定试验机满量程范围,使试样最大顶破强力在满量程负荷的 30%～90% 范围内,设定顶压杆的下降速度为 60mm/min ± 5mm/min。

6.3 启动试验机,直到试样完全顶破为止,观察和记录顶破情况,记录顶破强力(N)和顶破位移值(mm)。如土工织物在夹具中有明显滑动,则应剔除此次试验数据,并补做试验至 5 块。

7 结果计算

7.1 按本规程 T 1102—2006 的规定,分别计算 5 块试样的顶破强力(N)、顶破位移(mm)的平均值和变异系数 C_v。顶破强力和顶破位移计算至小数点后 1 位,按 GB 8170 修约到整数。

7.2 变形率计算至小数点后 1 位,按 GB 8170 修约到整数。

$$\varepsilon = \frac{L_1 - L_0}{L_0} \times 100 \tag{T 1126-1}$$

$$L_1 = \sqrt{h^2 + L_0^2} \tag{T 1126-2}$$

以上两式中:h——顶压杆位移距离(mm);
L_0——试验前夹具内侧到顶压杆顶端边缘的距离(mm);
L_1——试验后夹具内侧到顶压杆顶端边缘的距离(mm);
ε——变形率(%)。

h、L_0、L_1 见图 T 1126-4。

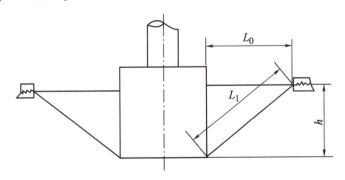

图 T 1126-4 顶破试验示意图(尺寸单位:mm)

8 试验报告

试验报告应包括以下内容：
(1)样品名称、规格型号和状态描述；
(2)试验结果；
(3)试验日期；
(4)试验用仪器；
(5)试验用大气条件；
(6)任何偏离规定程序的详细说明。

条文说明

土工合成材料在工程结构中，要承受各种法向静态力的作用，所以顶破强力是土工合成材料力学性能的重要指标之一。评价顶破强力的方法不少，其中专用于土工织物、土工膜及其有关产品的方法有CBR顶破(圆柱形顶杆)和圆球顶破，而CBR顶破强力被广泛地用于土工织物产品标准的技术要求中。国内外有关CBR顶破强力的方法标准和主要参数见表T 1126-1。

表 T 1126-1 CBR顶破强力的方法标准及主要参数

标准编号	顶压杆直径(mm)	夹具内径(mm)	顶压速率(mm/min)	试样数量(块)
ISO 12236—1996	50 ± 0.5	150 ± 0.5	50 ± 10	5
DIN 54307	50	150	60 ± 10	10
GB/T 14800—1993	50	150	60 ± 5	5

本次主要修订点是：增加了试件调湿和试验用标准大气条件，结果计算增加了顶破位移和变形率，试样量由10块改为5块。顶压速率仍保持为60mm/min ± 5mm/min，与国家标准《土工布顶破强力试验方法》(GB/T 14800—1993)一致。

本方法详细地给出了试样制备和夹具的要求，但有时设备条件不同，允许在保证夹持环内径为150mm、有效高度空间大于100mm、能够夹紧试件的前提下采用气压或液压夹具，其试样按相关要求制备。

特别要指出的是，本方法只适用于各种土工织物、复合土工织物，土工膜、复合土工膜及其相关的复合产品，对一些稀松或孔径较大的土工合成材料不适用，土工网和土工格栅不进行该项试验。

T 1127—2006 刺破强力试验

1 适用范围

1.1 本方法规定了测定土工织物刺破强力的试验方法。

1.2 本方法适用于土工织物、土工膜，及其复合产品。

2 引用标准

GB 8170 数值修约规则

3 仪器设备及材料

3.1 试验机:应具有等速加荷功能,加载速率可以设定,能测读加载过程中的应力、应变,记录应力-应变曲线,要求行程大于 100mm,加载速率能达到 300mm/min ± 10mm/min。

3.2 环形夹具:内径 45mm ± 0.025mm,底座高度大于顶杆长度,有较高的支撑力和稳定性。

3.3 平头顶杆:钢质实心杆,直径 8mm ± 0.01mm,顶端边缘倒角 0.5mm × 45°。

4 试样制备

4.1 取样:按本规程 T 1101—2006 的规定取样。

4.2 制样:裁取圆形试样 10 块,直径不小于 100mm,试样上不得有影响试验结果的可见疵点,根据夹具的具体结构在对应螺栓的位置处开孔。

4.3 试样调湿和状态调节:按本规程 T 1101—2006 中的第 5 条规定进行。

5 试验步骤

5.1 试样夹持,将试样放入环形夹具内,使试样在自然状态下拧紧夹具(见图 T 1127-1)。

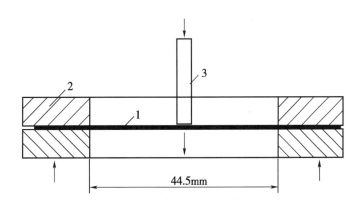

图 T 1127-1 刺破试验示意图
1-试样;2-环形夹具;3-φ8mm 平头顶杆

5.2 将装好试样的环形夹具对中放于试验机上,夹具中心应在顶杆的轴心线上。

5.3 设定试验机的满量程范围,使试样最大刺破力在满量程负荷的 30%～90% 范围内,设定加载速率为 300mm/min±10mm/min。

5.4 对于湿态试样,从水中取出后 3min 内进行试验。

5.5 开机,记录顶杆顶压试样时的最大压力值即为刺破强力。如土工织物在夹具中有明显滑移则应剔除此次试验数据。

5.6 按照上述步骤,测定其余试样,直至得到 10 个测定值。

6 结果计算

按本规程 T 1102—2006 的规定计算 10 块试样刺破强力的平均值(N),按 GB 8170 修约到 3 位有效数字。如果需要,按本规程 T 1102—2006 的规定计算刺破强力的变异系数 C_v,精确至 0.1%。

7 试验报告

试验报告应包括以下内容:
(1)样品名称、规格型号和状态描述;
(2)试验日期;
(3)试验用仪器;
(4)试验用大气条件;
(5)试样刺破强力的平均值;
(6)如果需要,给出刺破强力的变异系数;
(7)任何偏离规定程序的详细说明。

条文说明

刺破强力的原理方法与 CBR 顶破强力类似,但在顶杆直径、试样面积和顶压速率上有所不同。刺破强力反映的是土工合成材料抵抗小面积集中负荷的能力,适用于各种机织土工织物、针织土工织物、非织造土工织物、土工膜和复合土工织物等产品。但对一些较稀松或孔径较大的机织物不适用,土工网和土工格栅一般不进行该项试验。

美国 FHWA 土工织物手册和美国材料试验协会标准 ASTM D4833 等通用标准中,刺破速率通常采用 300mm/min±10mm/min,修订时参照了上述标准。主要修改点是:刺破速率由 100mm/min 改为 300mm/min±10mm/min;增加了试样调湿和状态调节。

T 1128—2006 落锥穿透试验

1 适用范围

1.1 本方法规定了测定土工织物及其有关产品抵抗从固定高度落下钢锥穿透能力的方法。

1.2 本方法适用于土工织物、土工膜,及其复合产品。

2 引用标准

GB 8170 数值修约规则

3 仪器设备及材料

3.1 环形夹具:夹具的内径为 150mm ± 0.5mm。

3.2 落锥架:支撑环形夹具的框架和从 500mm ± 2mm 的高度处(锥尖至试样的距离)释放落锥至试样中心的装置(见图 T 1128-1)。

注:可采用不限制落锥下落速率的导杆或借助于机械释放系统,以保证落锥锥尖朝下自由下落。

3.3 不锈钢落锥:锥角 45°,最大直径为 50mm,表面抛光,总质量为 1 000g ± 5g。

3.4 量锥:顶角比落锥小,最大直径为 50mm,质量为 600g ± 5g,标有刻度(见图 T 1128-2)。

4 试样制备

4.1 取样:按本规程 T 1101—2006 的规定取样。

4.2 制样:裁取圆形试样 10 块,大小应与所用试验装置相适应,试样上不得有影响试验结果的可见疵点。如果已知被测试样品两面的特性不同,应对两面分别试验 10 块试样,并在试验报告中说明,给出每面的试验结果。

4.3 试样调湿和状态调节:按本规程 T 1101—2006 中的第 5 条规定进行。

5 试验步骤

5.1 将试样无褶皱地在环形夹具中夹紧,避免对试样施加预张力,并防止试验过程中试样的滑移。

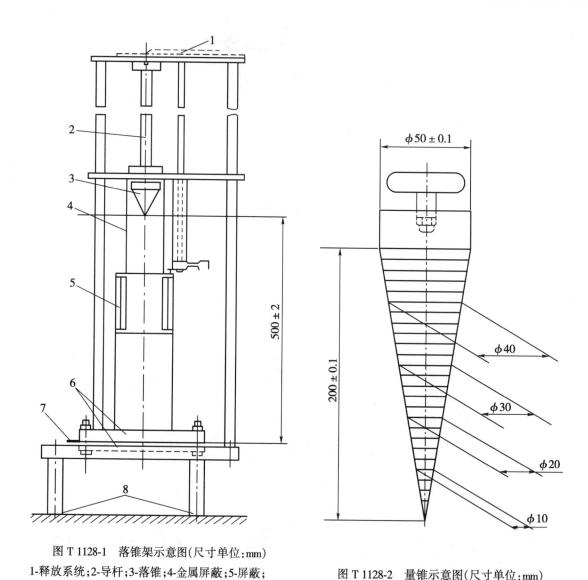

图 T 1128-1 落锥架示意图(尺寸单位:mm)
1-释放系统;2-导杆;3-落锥;4-金属屏蔽;5-屏蔽;
6-夹持环;7-试样;8-水平调节螺丝

图 T 1128-2 量锥示意图(尺寸单位:mm)

5.2 将装有试样的环形夹具放置在框架上(见图 T 1128-1),采用适当的方法,保证夹具在框架中对中水平放置。

5.3 释放落锥,从锥尖离试样 500mm ± 2mm 的高度自由跌落在试样上,记录任何不正常的现象。如落锥在试样上跳动,第 2 次落下形成又一个破洞,在这种情况下,测量较大的破洞。

5.4 立即从破洞中取出落锥,将量锥在自重的作用下放入破洞,10s 后测读该洞的直径,读数精确至毫米。测量值应当是在量锥处于垂直位置时的最大可见直径。如果材料的各向异性明显,即纵向和横向的性能不同,除测量较大的破洞外,有必要对其他破洞孔径进行说明。如完全穿透试样,则不需测量,记录为完全穿透。

6 试验结果的计算

按本规程 T 1102—2006 的规定计算 10 块试样破洞直径的算术平均值(mm)和变异系数 C_v，破洞直径计算至小数点后 1 位，按 GB 8170 修约到整数。

注：如果落锥完全穿透一块或多块试样，造成 50mm 的破洞，则不需计算平均值和变异系数。这种情况下，应在试验报告中报出单值，并就该性能作出专门的说明。

7 试验报告

试验报告应包括以下内容：
(1)样品名称、规格型号和状态描述；
(2)试验日期；
(3)试验用仪器；
(4)试验大气条件；
(5)破洞直径的平均值、变异系数；
(6)不正常的状态，如第 2 次穿透；
(7)根据破洞形状指出材料各向异性的程度；
(8)任何偏离规定程序的详细说明。

条文说明

落锥穿透试验是模拟具有尖角的石块或锐利物掉落在土工织物上对土工织物造成损坏的一种试验，用于评价土工织物抵抗冲击和穿透的能力。试验可用来检查土工织物是否符合现场施工对其性能的要求。由于土工格栅和土工网本身具有网格形状，所以落锥穿透试验不适用于这类产品。

国际标准草案阶段的《土工布及有关产品 动态穿孔试验(落锥法)》(ISO/DIS 13433)是国际标准化组织和欧洲共同体标准技术委员会共同制定的，与各国标准也基本一致。本次修订参照国际标准 ISO/DIS 13433 增加了试样调湿和试验用标准大气条件，以及规定了使用专用量锥进行测量。

在试验过程中，由于落锥穿透破洞的大小是评定试验结果的最终指标，所以破洞的测量精度很重要，必须使用专用量锥进行测量而不能用长度测量工具例如卡尺代替，二者的测量结果一般是不一致的。同时还应注意，在放置量锥时，不要转，不要压，使其在自重的作用下自然垂直地进入破洞。

T 1129—2006 直剪摩擦特性试验

1 适用范围

1.1 本方法规定了使用直剪仪和标准砂土测定土工合成材料摩擦特性的试验方法。

1.2 本方法适用于所有土工合成材料，当使用刚性基座试验土工格栅时，摩擦结果应进行校正。

2 定义

2.1 相对位移(ΔL)

剪切试验中试样与砂土之间的位移(mm)。

2.2 法向力(P)

对试样施加的恒定垂直力(kN)。

2.3 剪切力(T)

恒速位移条件下剪切试验中测得的水平力(kN)。

2.4 法向应力(σ)

单位面积的法向力(kPa)。

2.5 剪应力(τ)

砂土/土工织物摩擦试验中单位面积的剪切力(kPa)。

2.6 最大剪应力(τ_{max})

位移量在剪切面长度的0~16.5%范围内,沿砂土/土工织物界面产生的最大剪切力(kPa)。

2.7 摩擦角(φ_{sg})

土工织物和土之间的摩擦角,为最大剪应力对法向应力关系图中各点的"最佳拟合直线"的斜率(°)。

2.8 表观粘聚力(C_{sg})

土工织物与土之间的抱合力,为最佳拟合直线上法向应力等于0时的剪应力(kPa)。

2.9 砂土最大剪应力($\tau_{s,max}$)

砂土(在一定法向压力下)的最大剪应力(kPa)。

2.10 砂土/基座最大剪应力($\tau_{sup,max}$)

砂土/试样基座剪切试验中的最大剪应力(kPa)。

2.11 摩擦比($f_{g(\delta)}$)

在相同的法向应力下,砂土/土工织物间最大剪应力τ_{max}与砂土最大剪应力$\tau_{s,max}$之比。

3 仪器设备及材料

3.1 直剪仪

有接触面积不变和接触面积递减(标准土样直剪仪)两种直剪仪,分别见图 T 1129-1 和图 T 1129-2。

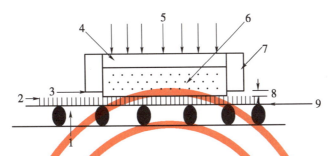

图 T 1129-1 接触面积不变直剪仪示意图
1-刚性滑板;2-土工织物试样;3-水平反作用;4-法向力加载系统;5-法向力;6-标准砂土;7-刚性剪切盒;8-最大 0.5mm 隔距;9-水平力

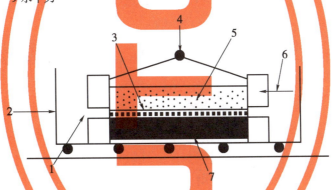

图 T 1129-2 接触面积递减直剪仪示意图
1-标准剪切盒;2-水平力;3-土工织物试样;4-法向力;5-标准砂土;6-水平反作用;7-试样刚性基座

3.1.1 剪切盒

(1)接触面积不变的剪切盒:剪切盒应具有足够的刚性,在承受负荷时不发生变形,盒内部尺寸不小于 300mm×300mm,盒厚至少应为盒长的 50%,以便能容纳砂土层和加压系统。试验土工格栅时,剪切盒的最小尺寸还应该增加。

剪切盒下部为刚性滑板,滑板的长度至少为剪切盒长度加上试样尺寸的 16.5%,以确保在相对剪切位移达 16.5%时试样和砂土之间完全接触。

(2)接触面积递减的剪切盒:上下剪切盒大小相等,尺寸至少为 300mm×300mm。

3.1.2 刚性滑板

剪切盒应装在刚性滑板上,刚性滑板由低摩擦滚排或轴承支撑在机座上,滑板可在剪切方向上自由滑动。

3.1.3 水平力加载装置
用于推动下剪切盒在水平方向上恒速位移,位移速率为 $1mm/min \pm 0.2mm/min$。

3.1.4 施加法向力的装置
能均匀地对剪切面施加法向力,在下剪切盒恒速位移过程中法向力始终保持垂直,精度为2%。

3.1.5 测定剪切力和相对位移的装置
剪切力测量装置的测量精度为0.5%。
相对位移测量装置的测量精度为0.02mm。

注:1.仪器的设计应考虑砂土膨胀,确保剪切盒上下部分之间的间隙等于试样厚度加0.5mm。
  2.填土及压密时上剪切盒与试样之间应装配密封条,以避免土粒堵塞上剪切盒和土工织物或土工格栅之间的间隙。

3.2 试样基座
用于放置试样,可为土质基座、硬木质基座、表面粒度为P80的氧化铝标准摩擦基座或其他刚性基座。

3.3 标准砂土
与试样接触的砂土应为标准细颗粒砂土。其粒径级配见表 T 1129-1。

表 T 1129-1 标准砂土规格

筛网孔径(mm)	筛余量(%)	筛网孔径(mm)	筛余量(%)
2.00	0	0.50	67±5
1.60	7±5	0.16	87±5
1.00	33±5	0.08	99±5

如果观察到细砂在试验中有流失,砂土级配必须重新校正。
可以对砂土加水以避免砂粒分离,但含水率不得超过2%。应使用标准土样直剪仪测量砂土在不同法向压力下的最大剪应力及内摩擦角。

4 试样制备

4.1 取样:按本规程 T 1101—2006 的规定取样。

4.2 试样数量和尺寸:每种样品,每个被测试方向取4块试样。试样的大小应适合于试验仪器的尺寸,宽度略大于剪切面宽度。如果样品两面不同,两面都应试验,每面试验

4块试样。

4.3 试样调湿和状态调节:按本规程 T 1101—2006 中的第 5 条规定进行。

5 试验步骤

5.1 将试样平铺在位于剪切盒下边部分内的刚性水平基座上,前端夹持在剪切区的前面。试样与基座之间用胶粘合(如使用 P80 氧化铝标准摩擦基座可不粘合)。粘合后试样应平整、没有折叠和褶皱。试验中试样和基座之间不允许产生相对滑移。

> 注:对于大孔径(大于 15mm)、高孔隙率(孔隙面积大于试样总面积的 50%)的土工格栅,也可选用砂土基座(将下剪切盒用标准砂土填充至规定密度)。当选用刚性板作为高孔隙率土工格栅(或土工织物)的基座时,必须进行砂土和基座之间的摩擦试验,求出与每个法向应力相对应的最大剪应力($\tau_{\text{sup,max}}$)。

5.2 安装上剪切盒:用预先称准质量的标准砂土填充上剪切盒,装填厚度 50mm。砂土厚度应均匀,压密后的干密度为 1 750kg/m³。

5.3 安装水平力加载仪、位移测量仪(传感器或刻度表),并对试样施加 50kPa 的法向压力。

5.4 施加水平荷载,使上下剪切盒之间作速率为 1mm/min ± 0.2mm/min 的相对位移。连续或间隔测量剪切力 T,同时记录对应的相对位移 ΔL,间隔时间为 12s,开始时也可视情况加密,直至达到剪切面长度的 16.5% 时结束试验。

5.5 卸下试样,仔细地除去被测试样上的标准砂土,检查和记录试样是否发生伸长、褶皱或损坏。

5.6 重复 5.1~5.5 步骤,在 100kPa、150kPa 和 200kPa 法向应力下再各试验一块试样。

5.7 如需要,试验样品的另一方向或另一面。

> 注:1.应测定所用直剪仪的固有内阻。当固有内阻与剪切力相比不可忽略时,在进行数据处理时,应先从剪切力测量值中减去固有内阻对测量结果进行修正,再用修正后的结果进行计算。
> 2.固有内阻测定方法:组装直剪仪,不放标准砂土,不加法向力,测定剪切盒以 1.0mm/min ± 0.2mm/min 速率移动 50mm 过程中的最大剪切力,即为直剪仪固有内阻。

6 结果计算

6.1 使用式(T 1129-1)计算每块试样的法向应力:

$$\sigma = P/A \tag{T 1129-1}$$

式中:σ——法向应力(kPa);
P——法向力(kN);

A——接触面积(m^2)。

6.2 使用式(T 1129-2)计算每块试样剪应力：

$$\tau = T/A \quad (T\ 1129\text{-}2)$$

式中：τ——剪应力(kPa)；
T——剪切力(kN)；
A——试样接触面积(m^2)。

如果使用接触面积递减的仪器，试样接触面积则为变值，每次计算均应使用与最大剪切力出现时相对应的实际接触面积值。

6.3 根据剪应力和对应的相对位移作图 T 1129-3，求取每块试样的最大剪应力。当剪应力与位移关系曲线出现峰值时，该峰值即为最大剪应力；当关系曲线不出现峰值时，取位移量为剪切面积长度的 10% 时的剪应力作为最大剪应力。

6.4 对于所有试样(4个)，根据最大剪应力和对应的法向应力作图 T 1129-4，通过各点作出最佳拟合直线，直线与法向压力轴之间的夹角即为土工织物和砂土的摩擦角 φ_{sg}，最大剪应力轴上的截距为土工织物和砂土的表观粘聚力 C_{sg}。

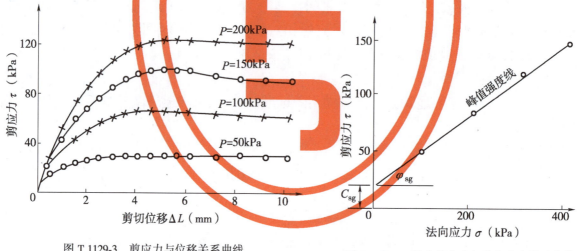

图 T 1129-3 剪应力与位移关系曲线　　图 T 1129-4 最大剪应力与法向应力关系曲线

6.5 使用式(T 1129-3)计算每块试样的摩擦比 $f_{g(\delta)}$：

$$f_{g(\delta)} = \frac{\tau_{\max(\delta)}}{\tau_{s,\max(\delta)}} \quad (T\ 1129\text{-}3)$$

式中：$f_{g(\delta)}$——摩擦比；
$\tau_{\max(\delta)}$——在不同法向应力下的最大剪应力(kPa)；
$\tau_{s,\max(\delta)}$——在不同法向应力下标准砂土的最大剪应力(kPa)。

7 试验报告

试验报告应包括以下内容：
(1)样品名称、规格型号和状态描述；
(2)试验日期；
(3)试验用仪器；
(4)试验大气条件；
(5)试样的被测方向(纵向或横向)、正面或反面；
(6)剪应力与相对位移关系图,标示出计算中使用的最大剪应力；
(7)最大剪应力与法向应力的关系图；
(8)砂土直剪试验中剪应力与相对位移的关系图；
(9)砂土直剪试验中最大剪应力与法向应力的关系图；
(10)给出试样与标准砂土之间的粘聚力、摩擦角和摩擦比；
(11)试验中是否有破损或不正常现象的观察记录；
(12)任何偏离规定程序的详细说明。

条文说明

土工合成材料与土石料之间的摩擦特性是工程结构稳定性必须考虑的因素。摩擦特性中的直剪试验是使用直剪仪和标准砂土对土工合成材料进行直接剪切试验,以模拟它们之间的作用过程,评价土工合成材料的摩擦特性。

本次修订依据《土工布及其有关产品 摩擦特性的测定 第一部分:直接剪切试验》(GB/T 17635.1—1998)规定了直剪仪剪切盒的位移速率、法向加荷值以及标准砂土的规格和级配,试验结果反映的是土工合成材料本身的摩擦特性,不同土工合成材料之间的结果可以互相比较。剪切盒尺寸由 150mm×150mm 改为 300mm×300mm。

但当直剪试验用于工程设计时,需使用现场砂土,直剪仪剪切盒的位移速率、法向加荷值均应根据实际情况而定,在这种情况下的试验结果无可比性。

T 1130—2006 拉拔摩擦特性试验

1 适用范围

1.1 本方法规定了测定土内土工合成材料与周围土体拉拔摩擦阻力的试验方法。

1.2 本方法适用于所有的土工合成材料。

2 定义

2.1 拉拔位移(ΔL)

拉拔试验中试样与砂土之间的位移(mm)。

2.2 法向力(P)
对试样施加的恒定垂直力(kN)。

2.3 剪切力(T)
恒速位移条件下,试验中测得的水平力(kN)。

2.4 法向应力(σ)
单位面积的法向力(kPa)。

2.5 剪应力(τ)
土与土工合成材料拉拔试验中单位面积的剪切力(kPa)。

2.6 拉拔摩擦系数(f)
土与土工合成材料在拉拔试验中测得的剪应力与法向应力的比值。

2.7 摩擦角(φ)
土工织物和土之间的摩擦角,为最大剪应力对法向应力关系图中各点的"最佳拟合直线"的斜率(°)。

2.8 粘聚力(C_u)
土工织物与土之间的抱合力,为最佳拟合直线上法向应力等于 0 时的剪应力(kPa)。

3 仪器设备及材料

3.1 试验箱:为一矩形箱体,侧壁有足够的刚度,受力时不变形,箱体尺寸不宜小于 25cm×20cm×20cm(长×宽×高)。箱一面侧壁的半高处开一贯穿全宽的窄缝,高约 5mm,供试样引出箱体用。紧贴窄缝内壁,安置一可上下抽动的插板,用于调整窄缝的缝隙大小,防止土粒漏出(见图 T 1130-1)。

3.2 加荷系统

3.2.1 法向压力的加压装置应在试验过程中保持恒压,且均匀地作用在土面上。

3.2.2 水平加荷装置应能进行应变控制加荷。

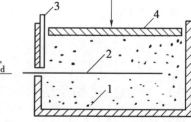

图 T 1130-1 拉拔试验箱示意图
1-土;2-试样;3-插板;4-加压板

3.3 测量系统

3.3.1 法向和水平向测力装置可用拉压力传感器或其他测力装置。

3.3.2 垂直和水平位移用百分表或位移传感器,测量精度为 0.01mm。

4 试件制备

4.1 取样:按本规程 T 1101—2006 的规定取样。

4.2 试样数量和尺寸:试样数量不少于 5 块,其宽度应小于试验箱宽度,长度视夹具情况而定,至少为 200mm,应保证有足够的长度固定试样。

4.3 试样端部加固:从试验箱引出的试样应进行端部加固,可采用粘胶加固(如环氧树脂),将试样牢固地粘贴在加固板上。

5 试验步骤

5.1 将土料填入试验箱,按要求的密度分层压实,压实后,土面水平面略高于试验箱一侧窄缝下缘。

5.2 将试样平放于土面上,要求平整无皱。在长度方向,试样埋入土中的长度为 100~150mm,并居中放置。试样一端从窄缝引出箱外,注意两边对称,并和水平夹具连接。插入可调整窄缝高度的插板,使插板下缘正好在试样表面之上,将插板固定。

5.3 继续往箱内填土,分层压实直至到要求的密度,压实后土面平整,并略低于箱顶,放上加压板。

5.4 安装垂直和水平位移百分表。将垂直加荷千斤顶对中于试验箱,对加压板施加一微量的垂直荷载,使加压板与土面接触良好,将百分表读数调零。将夹有试样的夹具连接到水平加荷装置上。

5.5 施加要求的垂直荷载,使土料固结。固结时间视土性而定,对粒状土固结时间不少于 15min;对粘性土,要求垂直变形增量每小时不大于 $0.00025h$(h 为土样高度,mm),作为固结稳定标准,测量并记录相应的压缩量。施加一微量水平荷载,使水平加荷装置的各处受力绷紧,将百分表读数调整为零。

5.6 施加水平荷载,开始拉拔,测读并记录位移量和水平拉力。拉拔速率视土性而定,按应变控制加荷时,一般采用位移速率为 0.2~3.0mm/min;对砂性土,可采用 0.5mm/min。

5.7 试验进行到下列情况时方可结束：

5.7.1 如果水平荷载出现峰值，或试验进行至获得稳定值。

5.7.2 如果不出现峰值或试样被拉断，表明试样埋在土内的长度超过拔出长度，应缩短埋在土内的长度，并重新试验。

5.8 改变垂直荷载，重复 5.1～5.7 步骤，进行不同垂直荷载下相应的拉拔摩擦试验。为求得拉拔摩擦强度，要求在 4 级不同垂直荷载下进行试验，其中最大的一级荷载（压力）应不小于设计荷载。

6 结果计算

6.1 按下式计算界面上的法向应力 σ 和剪应力 τ：

$$\sigma = \frac{P}{A} \tag{T 1130-1}$$

$$\tau = 0.5 \times \frac{T_d}{LB} \tag{T 1130-2}$$

以上两式中：P、T_d——分别为垂直荷载及水平荷载(kN)；

A——试验箱的水平面积(m^2)；

L、B——织物被埋在土内部分的长度和宽度(m)；

σ——法向应力(kPa)；

τ——剪应力(kPa)。

6.2 按下式计算界面上的拉拔摩擦系数 f：

$$f = \frac{\tau}{\sigma} \tag{T 1130-3}$$

6.3 绘制各级垂直应力下剪应力与相应水平位移 $\tau\text{-}\Delta L$ 的关系曲线（见图 T 1130-2）。

6.4 绘制 $\tau\text{-}\sigma$ 曲线，求得界面的摩擦强度。

剪应力如有峰值时，绘制各级法向应力 σ 和剪应力峰值 τ 的关系曲线（见图 T 1130-3）。图中 φ 为摩擦角，C_u 为粘聚力。

7 试验报告

试验报告应包括以下内容：

(1) 样品名称、规格型号和状态描述；

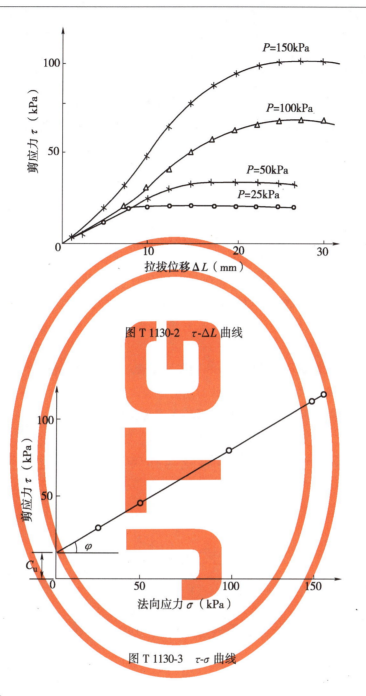

图 T 1130-2 $\tau\text{-}\Delta L$ 曲线

图 T 1130-3 $\tau\text{-}\sigma$ 曲线

(2)试验日期；

(3)试验用仪器；

(4)试样夹持方法；

(5)试样拔出长度；

(6)剪应力与法向应力的关系曲线图；

(7)剪应力与拉拔位移的关系曲线图；

(8)粘聚力、摩擦角和拉拔摩擦系数；

(9)任何偏离规定程序的详细说明。

条文说明

本方法是未修订章节,只是在条文的编排上有所变动。

拉拔摩擦与直剪摩擦的试验机理不同,结果通常存在差异。一般来讲,土工合成材料单面和土发生位移时,直剪摩擦试验较能反映实际情况;当双面均与土发生位移时,拉拔试验更为合适。直剪摩擦试验的目的是评价土工合成材料的摩擦特性,使用直剪仪和标准砂土进行试验,试样的制备、调湿也有一定的规定,试验结果有可比性。而拉拔摩擦试验的目的则是通过试验,取得土工合成材料与现场土石料的摩擦剪切强度,以保证在工程设计中土工合成材料与周围土石料之间的摩擦剪切强度大于土石料之间的摩擦剪切强度,这样才能保证工程结构的稳定性。

所以拉拔摩擦试验原则上应模拟现场条件,须使用现场土样进行试验,剪切速率可根据现场土料的土性和排水条件选用,一般范围在 0.2~3.0mm/min 之间。另外,当土样固结速率较快时,可采用较高的拉拔速率;对于固结速率较慢的土样,宜采用较慢的速度进行拉拔。施加的法向加荷值要求最大一级荷载应大于设计荷载,所以同一种土工合成材料用于不同的工程,其拉拔摩擦试验的试验条件不同,试验结果也不同。

在拉拔试验中要求被测试样必须是被拔出的而不是被拉断的。当试样刚度较低时,试样在箱外的部分在拉力作用下会发生很大的变形,甚至被拉断。解决这个问题的办法是事先将试样的引出部分进行加固,可采用粘胶加固(如环氧树脂)或将加固板牢固地粘贴在织物上,以保证拉拔过程中不脱开。

T 1131—2006 拉伸蠕变与拉伸蠕变断裂性能试验

1 适用范围

1.1 本方法规定了测定土工织物、土工格栅、土工网及其有关产品的拉伸蠕变和拉伸蠕变断裂性能的试验方法。

1.2 本方法的适用范围,限于由于其过早毁坏或由于其蠕变影响了在结构中的加强作用,而可能造成结构塌陷的产品。

2 定义

2.1 拉伸强度
试样被拉伸直至断裂时每单位宽度的最大抗拉力,以 kN/m 表示。

2.2 名义标记长度
未加预张力时,在平行于拉伸荷载方向的试样上两标记参考点之间的初始距离。

2.3 技术代表宽度
试样宽度小于 200mm,在规定的试验条件下,其拉伸断裂强力和伸长率与宽度为

200mm 试样相比,分别在 ±5% 和 ±20% 的范围内,则该宽度试样可进行拉伸蠕变试验,其宽度为技术代表宽度。

2.4 拉伸蠕变

在恒定的拉伸荷载下,试样随时间的拉伸变形。

2.5 拉伸蠕变断裂

在小于拉伸强度的恒定拉伸荷载下,试样的拉伸破坏。

2.6 拉伸蠕变荷载

施加在试样上每单位宽度的恒定的静荷载。

注:通常拉伸蠕变荷载以该样品的拉伸强度的百分比表示。拉伸蠕变荷载包括预荷载和加载装置所加的荷载。

2.7 加载时间

施加拉伸蠕变荷载至规定值所需的时间。

2.8 蠕变时间

从加载时间结束起到拉伸蠕变结束时所经历的时间。

2.9 蠕变断裂时间

从加载时间结束起直到试样发生拉伸蠕变断裂所经历的时间。

2.10 横向收缩

在拉伸试验过程中试样宽度的减小,以在预张力下标记长度中间的试样宽度的百分比表示。

3 仪器设备及材料

总体要求:仪器用具应包括夹持试样的装置、加载系统、变形测量系统和记时系统。

3.1 试样夹具

夹具应具有足够宽度以能够夹持试样的全宽,并能限制试样的滑移,而不损伤试样。标记长度的标记点与两个夹持器的距离应不小于 20mm。

3.2 加载系统

加载框架应有足够的刚度,能支撑荷载。加载框架应与外部振动隔离,不受该框架上或相邻框架上其他试样断裂的影响。

拉伸蠕变荷载应恒定,并精确至 ±1%。

可直接使用重锤或通过杠杆系统,或使用机械、液压或气压系统施加拉伸蠕变荷载。每次试验前应校验加载系统,以确认所需的荷载加到试样上。

注:需要特别注意,在使用除恒载外的加载系统时,应保证拉伸蠕变荷载是恒定的,并在要求的精度内。

加载系统应具有对试样施加预张力的能力。

加载系统应使加载方便,加载时间不超过60s。

3.3 变形测量系统

伸长计,能够测量试样上两参考点之间标记长度的变化,应能保证测量结果确实代表了参考点的真实动程。可使用任何仪器测量标记长度的变化,精度为标记长度的±0.1%。通常使用机械的、电子的或光学的伸长计测量仪器。

注:必须非常小心,保证读数的重现性和仪器的长期稳定性。仪器可连接到一个连续读数的系统上,或一个记录仪器上,也可按规定的时间间隔测量长度的变化。在试样上标记参考点时,应避免在试验过程中的位移或变形。

3.4 记时系统

记时系统的精度为1%,具有设定时间为零的能力,并能在发生蠕变断裂时记录即时时间。

4 试样制备

4.1 取样:按本规程T 1101—2006的规定取样。

4.2 试样数量

(1)用于拉伸蠕变性能的测定:4块试样;
(2)用于拉伸蠕变断裂的测定:12块试样;
(3)用于拉伸强度的测定:按本规程T 1121的规定。

注:如采用技术代表宽度的试样进行拉伸蠕变性能和拉伸蠕变断裂的测定,剪取试样时应考虑试样的数量。

4.3 试样尺寸

4.3.1 试样尺寸的确定

(1)与使用仪器的尺寸相适应;
(2)与使用的测量装置的精度相适应;
(3)根据技术代表宽度;
(4)保证使标记长度的两个标记参考点与夹持器的距离不小于20mm。

4.3.2 试样的最小标记长度

(1)不小于200mm;
(2)对土工格栅,不少于两个完整的网格;
(3)对所有样品,能保证标记长度的测量精度为±0.1%。

4.3.3 试样的宽度

(1)对按本规程 T 1121 的规定试验时表现出明显横向收缩(≥10%)的产品,样宽 200mm;

(2)对土工格栅:不少于 3 个完整的单元;

(3)对其他所有的产品:一个技术代表宽度。

注:试样尺寸主要影响试验的可行性和精度,所需的荷载依赖于试样的宽度。

4.4 试样调湿和状态调节:按本规程 T 1101—2006 中的第 5 条规定进行。

5 试验步骤

5.1 拉伸蠕变性能的测定

在规定的温湿度环境条件下,将一恒定静荷载施加于试样上。荷载均匀分布于试样的整个宽度。连续记录或按规定的时间间隔记录试样的伸长,该荷载保持 1 000h。如果不足 1 000h 试样发生断裂,则记录断裂时间。

5.1.1 按本规程 T 1121 的规定测定样品的宽条拉伸特性,包括试样的拉伸强度、断裂伸长率和横向收缩率。

5.1.2 按本规程 T 1121 的规定测定技术代表宽度试样的拉伸强度和断裂伸长率。如果需要,评价所使用的技术代表宽度试样的有效性,详见条文说明中的计算示例。

5.1.3 根据本方法 4.3.2 要求的标记长度在试样上标记参考点后,将试样安装在夹具上。

5.1.4 施加预张力,预张力值等于拉伸强度的 1%,以 kN/m 表示。

5.1.5 测定标记长度作为初始标记长度,精确至 ±0.1%。

5.1.6 如适用,安装和固定伸长计,并设置初始伸长值为 0。

5.1.7 从以下范围选择 4 档荷载进行试验:

拉伸强度的 10%、20%、30%、40%、50% 和 60%。

4 块试样分别施加 4 档不同的荷载,加载时间不超过 60s。

5.1.8 加载结束时即为试验的零点时间。按下列时间测量标记长度的变化,精确至 ±0.1%:

(1)1、2、4、8、15、30、60(min);

(2) 2、4、8、24(h);
(3) 3、7、14、21、42 (d)。

5.2 拉伸蠕变断裂的测定

在规定的温湿度环境下,将一恒定静荷载施加于试样上,荷载均匀地分布于试样整个宽度。该荷载保持到试样断裂,由试样断裂即停止记时的记时系统记录断裂时间。

5.2.1 按本规程 T 1121 的规定测定样品的宽条拉伸特性,包括试样的拉伸强度、断裂伸长率和横向收缩率。

5.2.2 按本规程 T 1121 的规定测定技术代表宽度试样的拉伸强度和断裂伸长率。如需要,评价所使用的技术代表宽度的试样的有效性。

5.2.3 将试样安装在夹具上。

5.2.4 从试样拉伸强度的 30%～90% 范围内选择 4 档荷载进行试验。3 块试样施加一档荷载,即共计试验 12 块试样。加载结束时即为试验的零点时间。

注:选择4个等距对数时间,如100h、500h、2 000h、10 000h。估计有可能导致进行的3个平行试验在100h时断裂的荷载水平。根据该结果,对有可能导致在500h断裂的荷载进行估计。然后是其他两个荷载水平。

5.2.5 记录发生蠕变断裂时的时间。

6 技术代表宽度试样的使用规定

当使用小于 200mm 技术代表宽度的试样时,确定试样宽度的方法很重要。

6.1 土工格栅、土工网技术代表宽度的试样应满足下列条件:

按本规程 T 1121 的规定测定宽条样的拉伸强度和伸长率;准备减宽试样,测量减宽试样的拉伸强度和伸长率。当减宽试样同时满足拉伸强度偏差不超出 ±5%、伸长率偏差不超出 ±20% 时,可以确定为技术代表宽度。

计算拉伸强度时,还需确定每米宽度的拉伸单元。尽可能地把整卷宽度的样品放在一个平面上,使用长度至少 1.5m 的尺子测量约 1m 内的拉伸单元所对应的宽度,以 mm 表示。根据该单元数计算每米宽度的拉伸单元个数,精确至 0.1 个单元。同时记录试样上的拉伸单元个数(详见条文说明中的示例1)。

6.2 土工织物技术代表宽度的确定。

准备减宽试样,其宽度应小于200mm、大于50mm;按本规程 T 1121 的规定测定宽条样和减宽试样的拉伸强度和伸长率,分别计算两种宽度试样的拉伸强度和伸长率。减宽试样如同时满足拉伸强度偏差不超出±5%、伸长率偏差不超出±20%时,可以确定为技术代表宽度(详见条文说明中的示例2)。

7 试验报告

试验报告应包括以下内容:
(1)样品名称、规格型号和状态描述;
(2)试验开始和结束的日期;
(3)试验用仪器;
(4)试样调湿和试验用大气条件;
(5)宽条拉伸试验的平均拉伸强度、伸长率和试样的横向收缩;
(6)如果需要,提供判断使用技术代表宽度试样进行蠕变试验的详细资料;
(7)如果需要,按送样者的规定尺寸试样进行蠕变试验,计算平均拉伸强度和伸长率;
(8)加载方式的描述;
(9)拉伸蠕变荷载以第(5)项拉伸强度的百分比表示;
(10)测量的蠕变伸长和时间关系的结果表示;
(11)名义标记长度;
(12)每个试样在每一荷载下的变形-时间对数的关系曲线图,图中应包括所有的数据点;
(13)每个试样的拉伸蠕变断裂时间;
(14)任何偏离规定程序的详细说明。

条文说明

土工合成材料的一个重要特性是在恒定荷载下其变形是时间的函数,即表现出明显的蠕变特性。作为加强作用的土工合成材料应具有良好的抗蠕变性能,否则在长期荷载的作用下,材料如产生较大的变形将会使结构失去稳定。

关于蠕变特性的试验方法,国内外标准有:《土工布及其有关产品 拉伸蠕变和拉伸蠕变断裂性能的测定》(ISO/FDIS 13431:1998)、《土工合成材料无侧限条件下的拉伸蠕变特性试验》(ASTM D5262—95)、《土工布及其有关产品 拉伸蠕变和拉伸蠕变断裂性能的测定》(GB/T 17637—1998)。国标的技术内容非等效于 ISO/FDIS 13431:1998。

本方法修订参照 ISO/FDIS 13431:1998 和 GB/T 17637—1998 的技术内容,明确了蠕变试验主要测定两项指标,即拉伸蠕变性能(在静态小荷载下试样伸长与时间的关系)和拉伸蠕变断裂时间(在静态小荷载下试样直到断裂所需的时间)。规定了在满足要求的前提下为降低长期试验的时间及费用,允许采用小于本规程 T 1121 中测定拉伸断裂强力规定的 200mm 的宽度以技术代表宽度进行蠕变拉伸试验。如何确定能否采用技术代表宽度,见示例。

应当指出,土工合成材料蠕变性能的表征是有一定困难的,目前没有相关的国际标准和国家标准,国内外许多大企业、机构有自己的方法,用于评价土工合成材料的蠕变性能。例如:时间温度分级表示、外推演算等。这些方法各有利弊但都没有形成评价标准。

本方法规定的试验方法是测定土工合成材料在不受土壤约束条件下的拉伸蠕变性能,其结果不能真实代表土工合成材料在土壤中的蠕变特性,但可用于同一条件下不同产品的性能比较。

示例1:土工格栅

(1)土工格栅宽度986mm内有43个拉伸单元,每米宽度的拉伸单元数为43.6。

(2)宽条拉伸试样有8个拉伸单元,其宽度为:(8/43.6)×1 000≈183.5mm。

测定的宽条试样的平均拉伸强度为10.8kN,伸长率为12.8%,横向收缩为0。

每米宽度的拉伸强度为:(1 000/183.5)×10.8≈58.9kN/m。

(3)减宽试样有3个拉伸单元,其宽度为:3×1 000/43.6≈68.8mm。

测定3个拉伸单元宽试样的平均拉伸力为4.086 kN,伸长率为13.4%。

每米宽度的拉伸强度为:(1 000/68.8)×4.086≈59.4kN/m。

(4)结论:3个拉伸单元宽试样的拉伸强度与宽条试样的拉伸强度偏差小于5%,伸长率偏差小于20%,所以允许用3个拉伸单元宽的试样为技术代表宽度试样进行拉伸蠕变试验。

示例2:土工织物

(1)测定的200mm宽度试样的平均拉伸强度为31.4kN/m,伸长率为10.7%。

(2)测定的60mm宽度试样的平均拉伸强度为30.2kN/m,伸长率为15.2%。

(3)结论:宽度为60mm试样与200mm试样的拉伸强度偏差在5%以内,伸长率偏差大于20%,所以不允许以宽度为60mm的试样作为技术代表宽度试样进行拉伸蠕变试验。

6 水力性能试验

T 1141—2006 垂直渗透性能试验(恒水头法)

1 适用范围

1.1 本方法规定了土工织物及复合土工织物在系列恒定水头下垂直渗透性能的试验方法。

1.2 本方法适用于土工织物和复合土工织物。

2 引用标准

GB/T 7489　水质　溶解氧的测定　碘量法

GB 8170　数值修约规则

3 定义

3.1 流速指数

试样两侧 50mm 水头差下的流速,精确到 1mm/s。

注:也可取 100mm、150mm 水头差下的流速,但应在报告中注明。

3.2 垂直渗透系数

在单位水力梯度下垂直于土工织物平面流动的水的流速(mm/s)。

3.3 透水率

垂直于土工织物平面流动的水,在水位差等于 1 时的渗透流速(1/s)。

4 仪器设备及材料

4.1 恒水头渗透仪(见图 T 1141-1)

4.1.1 渗透仪夹持器的最小直径 50mm,能使试样与夹持器周壁密封良好,没有渗漏。

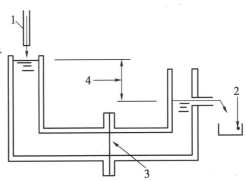

图 T 1141-1　水平式恒水头渗透仪示意图
1-进水系统;2-出水收集;3-试样;4-水头差

4.1.2 仪器能设定的最大水头差应不小于 70mm,有溢流和水位调节装置,能够在试验期间保持试件两侧水头恒定,有达到 250mm 恒定水头的能力。

4.1.3 测量系统的管路应避免直径的变化,以减少水头损失。

4.1.4 有测量水头高度的装置,精确到 0.2mm。

4.2 供水系统

4.2.1 试验用水应按 GB/T 7489 对水质的要求采用蒸馏水或经过过滤的清水,试验前必须用抽气法或煮沸法脱气,水中的溶解氧含量不得超过 10mg/kg。

4.2.2 溶解氧含量的测定在水入口处进行,溶解氧的测定仪器或仪表应符合 GB/T 7489的有关规定。

4.2.3 水温控制在 18℃ ~ 22℃。

注:由于温度校正(见表 T 1141-1)只同层流相关,流动状态应为层流;工作水温宜尽量接近20℃,以减小因温度校正带来的不准确性。

4.3 其他用具

4.3.1 秒表,精确到 0.1s。

4.3.2 量筒,精确到 10mL。

4.3.3 温度计,精确到 0.2℃。

5 试样制备

5.1 取样:按本规程 T 1101—2006 的规定取样。

5.2 试样数量和尺寸:试样数量不小于 5 块,其尺寸应与试验仪器相适应。

5.3 试样要求:试样应清洁,表面无污物,无可见损坏或折痕,不得折叠,并应放置于平处,上面不得施加任何荷载。

6 试验步骤

6.1 将试样置于含湿润剂的水中,至少浸泡 12h 直至饱和并赶走气泡。湿润剂采用

0.1% V/V的烷基苯磺酸钠。

6.2 将饱和试样装入渗透仪的夹持器内,安装过程应防止空气进入试样,有条件时宜在水下装样,并使所有的接触点不漏水。

6.3 向渗透仪注水,直到试样两侧达到50mm的水头差。关掉供水,如果试样两侧的水头在5min内不能平衡,查找是否有未排除干净的空气,重新排气,并在试验报告中注明。

6.4 调整水流,使水头差达到70mm±5mm,记录此值,精确到1mm。待水头稳定至少30s后,在规定的时间周期内,用量杯收集通过仪器的渗透水量,体积精确到10mL,时间精确到s。收集渗透水量至少1 000mL,时间至少30s。如果使用流量计,流量计至少应有能测出水头差70mm时的流速的能力,实际流速由最小时间间隔15s的3个连续读数的平均值得出。

6.5 分别对最大水头差0.8、0.6、0.4和0.2倍的水头差,重复6.4的程序,从最高流速开始,到最低流速结束,并记录下相应的渗透水量和时间。如果使用流量计,适用同样的原则。

注:如土工织物总体渗透性能已确定,为控制产品质量也可只测50mm水头差下的流速。

6.6 记录水温,精确到0.2℃。

6.7 对剩下的试样重复6.2~6.6的步骤。

7 结果计算

7.1 流速指数

(1)按下式计算20℃时的流速v_{20}(mm/s):

$$v_{20} = \frac{VR_T}{At} \qquad (T\ 1141\text{-}1)$$

式中:V——渗透水的体积(m^3);

R_T——T℃水温时的水温修正系数(见表T 1141-1);

A——试样过水面积(m^2);

t——达到水体积V的时间(s)。

如果使用流速仪,流速v_T直接测定,则按公式(T 1141-2)计算20℃时的流速v_{20}(mm/s):

$$v_{20} = v_T R_T \qquad (T\ 1141\text{-}2)$$

(2)计算每块试样不同水头差下的流速v_{20}。

使用计算法或图解法,用水头差 h 对流速 v_{20} 通过原点作曲线。在一张图上绘出5个试样的水头差 h 对流速 v_{20} 的曲线5条。

(3)通过计算法或图解法求出5个试样50mm水头差的流速值,给出平均值和最大、最小值。平均值为该样品的流速指数,精确到1mm/s。

7.2 垂直渗透系数

按公式(T 1141-3)计算实际水温下的垂直渗透系数 k:

$$k = v/i = \frac{v\delta}{\Delta h} \tag{T 1141-3}$$

式中:k——实际水温下的垂直渗透系数(mm/s);
　　　v——垂直土工织物平面水的流动速度(mm/s);
　　　i——土工织物上下两侧的水力梯度;
　　　δ——土工织物试样厚度(mm);
　　　Δh——对土工织物试样施加的水头差(mm)。

按公式(T 1141-4)计算20℃水温下的垂直渗透系数 k_{20}:

$$k_{20} = k R_T \tag{T 1141-4}$$

式中:k_{20}——水温20℃时的垂直渗透系数(mm/s);
　　　k——实际水温下的垂直渗透系数(mm/s);
　　　R_T——T℃水温时的水温修正系数(见表 T 1141-1)。

表 T 1141-1　水温修正系数

温度(℃)	R_T	温度(℃)	R_T
18.0	1.050	20.5	0.988
18.5	1.038	21.0	0.976
19.0	1.025	21.5	0.965
19.5	1.012	22.0	0.953
20.0	1.000		

注:水温修正系数 R_T 即为水的动力粘滞系数比 η_t/η_{20};η_t 为试验水温 t℃时的动力粘滞系数,η_{20} 为试验水温20℃时水的动力粘滞系数。

7.3 透水率

按公式(T 1141-5)计算水温20℃时的透水率 θ_{20}:

$$\theta_{20} = k_{20}/\delta = v_{20}/\Delta h \tag{T 1141-5}$$

式中:θ_{20}——水温20℃时的透水率(1/s);
　　　k_{20}——水温20℃时的渗透系数(mm/s);
　　　δ——土工织物厚度(mm);
　　　v_{20}——温度20℃时,垂直土工织物平面水的流动速度(mm/s);
　　　Δh——对土工织物试样施加的水头差(mm)。

8 试验报告

试验报告应包括以下内容:
(1)样品名称、规格型号和状态描述;
(2)样品状态的描述;
(3)试验日期;
(4)渗透仪规格型号、主要技术指标;
(5)试样有效过水面积;
(6)测定全部渗透性能时,每个试样的流速对水头损失曲线的集合;
(7)水头差 50mm 时的流速指数(VI_{50}),如需要,给出垂直渗透系数和透水率;
(8)水温范围;
(9)供水方式和溶解氧值;
(10)任何偏离规定程序的详细说明。

条文说明

土工织物用作反滤材料时,流水的方向垂直于土工织物的平面,此时要求土工织物既能阻止土颗粒随水流失,又要求它具有一定的透水性。垂直渗透性能主要用于反滤设计,以确定土工织物的渗透性能。

国内外有关土工织物垂直渗透性能的标准有:《土工布及其相关产品 无荷载下垂直向渗透性的测定》(ISO 11508:1999)、《水压渗透系数和单位宽度流速测定方法》(ASTM D4716—01)、《土工布 透水性测定方法》(GB/T 15789—1999)、交通部行业标准《公路土工合成材料试验规程》(JTJ/T 060—98)、水电部行业标准《土工合成材料测试规程》(SL/T 235—1999)。

国际标准 ISO 11508:1999 和美国标准 ASTM D4716—01 垂直向渗透性能的测定包括两种方法:一种是恒水头法;另一种是降水头法。恒水头法是测土工织物在系列恒定水头下的垂直渗透特性;降水头法是测土工织物在连续下降水头下的垂直渗透特性。国内所有的标准均采用恒水头法。

本次修订考虑到与国内相关标准的衔接,试验方法只包括恒水头法,评定指标参照采用了《土工布及其相关产品 无荷载下垂直向渗透性的测定》(ISO 11508:1999)的恒水头法,新增了"流速指数",同时保留了渗透系数和透水率。国内外标准采用的评定指标和方法见表 T 1141-2。

表 T 1141-2 渗透性能评定指标

标准编号	测试方法	采用指标
ISO 11508:1999	恒水头法、降水头法	流速指数(VI_{50})
ASTM D4716—01	恒水头法、降水头法	透水率(渗透系数)
GB/T 15789—1999	恒水头法	渗透率、压差指数、流速指数
JTJ/T 060—98	恒水头法	渗透系数、透水率
SL/T 235—1999	恒水头法	渗透系数、透水率

在测试过程中还应注意以下几点：

(1)试件放在渗透仪夹持器中，要注意旋紧夹持器压盖，以防止水从试样被压部分的内层渗漏；同时要保持夹持器的压盖与试样盒内壁密封，防止侧漏影响试验结果。

(2)试件必须进行浸泡处理，目的在于排尽试样内部的空气，必要时可在浸泡过程中进行人工挤压排气，以保证试验结果的准确。

(3)各种土工织物的渗透性能相差很大，统一规定只装一片饱和试样有的产品很难达到两侧50mm的水头差，可以考虑以满足试样两侧达到50mm的水头差为前提，确定采用单层还是多层试样进行试验。

T 1142—2006 耐静水压试验

1 适用范围

1.1 本方法规定了土工合成材料防渗性能——耐静水压性能的试验方法。

1.2 本方法适用于土工膜和复合土工膜。

2 引用标准

GB 8170 数值修约规则

3 仪器设备及材料

耐静水压的测定装置应包括进水调压装置、试样夹持及加压装置、压力测定装置等。其主要部件及要求如下(见图 T 1142-1)：

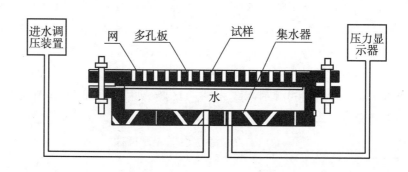

图 T 1142-1 耐静水压装置示意图

3.1 进水调压装置：包括水源、气源、调压阀等，调压范围至少0~2.5MPa，应具有压力恒定功能，加压系统误差±2%。

3.2 试样夹持及加压装置：由集水器、支撑网和多孔板组成。集水器一般为圆筒状，内腔直径为 200mm ± 5mm；多孔板内均匀分布直径为 3mm ± 0.05mm 的小透孔，孔的中心间距离 6mm；试样夹持后应保证无漏水。

注：集水器内腔直径也可根据需要选用，但截面面积不小于 200cm²。

3.3 压力测定装置：量程范围 0～2.5MPa，分辨率 0.05MPa。

3.4 具有相同效果的仪器装置均可使用，例如 T 1141—2006 中规定的装置。

4 试样制备

4.1 取样：按本规程 T 1101—2006 的规定取样。

4.2 试样数量和尺寸：从样品上剪取 3 块试样，其大小应适合使用的仪器。试样上不能有损伤和疵点。

5 试验步骤

5.1 开启进水加压装置，使水缓慢地进入并充满集水器，直至刚好要溢出。

5.2 将试样无褶皱地平放在集水器内的网上，溢出多余水以确保集水器内无气泡；将多孔板盖上，均匀地夹紧试样。

对于由纺织材料与膜材复合的试样，应使膜材一面对水面；对于两面是纺织材料而膜处于中间的复合材料，可将面对水面一侧的纺织材料边缘相应于将被夹持的环形部分小心地剥去，也可在被夹持的环形部分涂上玻璃胶等粘合剂，以确保试样被夹持的部分不漏水。

5.3 缓慢调节加压装置，使集水器内的水压上升至 0.1MPa；如能估计出样品耐静水压的大致范围，也可将水压直接加到该范围的下限，开始测试。

5.4 保持上述压力至少 1h，观察多孔板的孔内是否有水渗出。

5.5 如试样未渗水，以每 0.1MPa 的级差逐级加压，每级均保持至少 1h，直至有水渗出时，表明试样有渗水孔或已出现破裂，记录前一级压力即为该试样的耐静水压值，精确至 0.1MPa。

5.6 如只需判断试样是否达到某一规定的耐静水压值，则可直接加压到此压力值并保持至少 1h，如没有水渗出，则判定其符合要求。

注：多孔板的孔内出现水珠时，如将其擦去后不再有水渗出，则可判断这是由于试样边缘溢流造成的，可以继续试验；如果将其擦去后仍有水渗出，则可判断是由于试样渗水造成的，试验可以终止。

5.7 按照 5.1~5.6 步骤测定其余试样。

5.8 如果使用 T 1141—2006 中规定的装置,则以渗流量判断是否渗水。在一定水力压差下渗流量极小时(如小于 $0.1cm^3/h$)则可认为没有渗水;当渗流量急速增加时,表明试样已出现破坏,试验可以终止。

6 试验结果

以 3 个试样测得耐静水压值中的最低值作为该样品的耐静水压值,按 GB 8170 规定修约至 0.1MPa。

7 试验报告

试验报告应包括以下内容:
(1)样品名称、规格型号;
(2)样品状态的描述;
(3)试验日期;
(4)试验设备型号、主要技术指标;
(5)样品的耐静水压值(MPa);
(6)任何不正常的状态,例如夹持装置边缘渗水等;
(7)任何偏离规定程序的详细说明。

条文说明

土工合成材料中的土工膜和复合土工膜,防渗性能是其重要的特征指标之一,在工程实际应用中对工程寿命有重要的影响。防渗性能通常可用耐静水压指标表征,所以本次修订新增了"耐静水压试验"。该方法是在《土工合成材料 非织造复合土工膜》(GB/T 17642—1998)附录 A-A2(耐静水压测定)的基础上制定的。

耐静水压试验方法的原理是:将样品置于规定的测试装置内,对其两侧施加一定水力压差并保持一定时间,逐级增加水力压差,直至样品出现渗水现象,记录其能承受的最大水头压差即为样品的耐静水压值;也可测定在要求的水力压差下样品是否有渗水现象,以判断其是否满足要求。

在操作过程中应注意:
(1)多孔板上的小孔直径和分布间距会对试验结果产生较大的影响。小孔直径和分布间距不同,试验结果不同,没有可比性,所以要严格按标准要求制作多孔板。
(2)支撑网和多孔板表面应光滑无锐角,以免划伤试件造成漏水。
(3)当对两布一膜试样进行耐静水压试验时,要特别注意密封问题,将面对水面一侧的纺织纤维小心剥掉,以确保被夹持部分不漏水。
(4)试验结果是以 3 个试样中最低值作为样品的检测结果。这主要是考虑到样品可能存在不均匀性,而一处渗水就可能酿成大的工程事故,所以采用最低值作为样品的检测结果。

T 1143—2006 塑料排水带芯带压屈强度与通水量试验

1 目的和适用范围

1.1 本方法规定了测定塑料排水带芯带压屈强度与复合体纵向通水量的试验方法。

1.2 本方法适用于各种类型的塑料排水带。

2 引用标准

GB 8170 数值修约规则

3 芯带压屈强度试验

3.1 仪器设备及材料

3.1.1 压力机:具有等速率加荷和恒压功能,能测读加压过程中的应力、应变量,绘制应力-应变曲线。

3.1.2 其他能满足要求的加压设备,如杠杆式加压仪。

3.1.3 百分表:量程为 10mm,分度值为 0.01mm。

3.2 试样制备

3.2.1 取样:按本规程 T 1101—2006 的规定取样。

3.2.2 制样:裁取圆形试样 3 块,试样面积为 30cm^2(直径 6.18cm)或 50cm^2(直径 7.98cm)。

3.2.3 试样调湿和状态调节:按本规程 T 1101—2006 中的第 5 条规定进行。

3.3 试验步骤

3.3.1 将试样放在压力机上,上下垫刚性垫板,施加 1kPa 预压力,将百分表调零。

3.3.2 对试样施加第一级压力(50kPa),随即记时,恒定压力,每 10min 从百分表上测读一次试样的压缩变形量。当相邻两次读数差小于试样厚的 1% 时,即以此读数作为该级压力下的压缩量。

3.3.3 重复本节 3.3.1～3.3.2 的步骤分别对试样施加 150kPa、250kPa、350kPa 及 450kPa 压力,测记各级压力下的压缩量,精确到 0.01mm。

3.3.4 重复本节 3.3.1～3.3.3 的步骤对其余两块试样进行试验。

3.4 结果计算

3.4.1 按下式计算试样在各级压力下的压缩应变 ε_i:

$$\varepsilon_i = \frac{\Delta h_i}{h_0} \times 100 \qquad (T\ 1143\text{-}1)$$

式中:ε_i——第 i 级压力下的压缩应变(%);

Δh_i——第 i 级压力下的压缩变形量(mm);

h_0——试样初始厚度(mm)。

3.4.2 绘制试样的应力-应变曲线,取初始线性段的最大压力值作为芯带的压屈强度。

3.4.3 计算 3 块试样压屈强度的平均值(kPa),按 GB 8170 修约到整数。

4 纵向通水量试验

4.1 仪器设备及用具

4.1.1 通水能力测定仪有立式和卧式两种(见图 T 1143-1、图 T 1143-2),应满足下列规定:

(1)在试样样长范围内受到均匀且恒定的侧压力;
(2)试样内部在常水头下进行渗流;
(3)试样两端连接处,必须密封良好,在侧压力作用下不漏水。

4.1.2 连接管路宜短而粗。

4.1.3 上下游水位容器应有溢水装置,保持常水头;水位容器应有较大容积,保证水流稳定。

4.1.4 包封排水带用的乳胶膜套,应弹性良好、不漏水,膜厚宜小于 0.3mm。

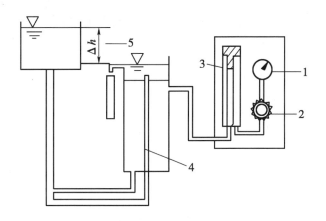

图 T 1143-1 立式通水能力测定仪
1-压力表;2-调压阀;3-体变管;4-排水带;5-水位差

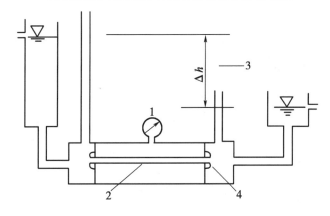

图 T 1143-2 卧式通水能力测定仪
1-压力表;2-排水带;3-水位差;4-端部密封

4.1.5 其他,如量筒、秒表、温度计、水桶等。

4.2 试样制备

4.2.1 取样:按本规程 T 1101—2006 的规定取样。

4.2.2 制样:沿排水带长度方向随机裁取两块试样,试样长度与通水能力测定仪相匹配。

4.3 试验步骤

4.3.1 将包有乳胶膜的排水带装入通水仪内,密封好两端接头,安装好连接部分。

4.3.2 对压力室施加侧压力,通用的侧压力为 350kPa,在整个试验过程中保持恒压。

4.3.3 调节上、下游水位,使排水带在水力梯度 $i=0.5$ 条件下进行渗流。

4.3.4 在恒压及恒定水力梯度下渗流半小时后测量渗水量,并记录测量时间,以后每隔 2h 测量一次,直到前后两次通水量差小于前次通水量的 5% 为止,以此作为排水带的通水量。

4.3.5 重复 4.3.1～4.3.4 步骤,测定另一块排水带的通水量。

4.4 结果计算

4.4.1 按下式计算排水带通水量 Q:

$$Q = \frac{W}{ti} \quad (\text{T 1143-2})$$

式中:Q——通水量(cm^3/s);
W——在 t 时段内通过排水带的水量(cm^3);
t——通过水量 W 所经历的时间(s);
i——水力梯度,设定 i 为 0.5。

4.4.2 计算两块排水带通水量的平均值,按 GB 8170 修约到小数点后 1 位。

5 试验报告

试验报告应包括以下内容:
(1)样品名称、规格型号;
(2)样品状态的描述;
(3)试验日期;
(4)试验设备型号、主要技术指标;
(5)样品的芯带压屈强度和复合体纵向通水量;
(6)任何不正常的状态,如密封端渗水等;
(7)任何偏离规定程序的详细说明。

条文说明

塑料排水带是近年发展较快的排水材料,在公路工程中得到广泛应用,其排水带通水量和芯带压屈强度试验方法是本次修订的新增项。

试验方法的制定参照了交通部标准《塑料排水板质量检验标准》、土工合成材料工程协会编制的《塑料排水带地基设计规范》(CTAG 02—97)和水利部标准《土工合成材料测试规程》(SL/T 235—1999)中"塑料排水带压屈强度与通水量试验"的有关内容。

由于土工合成材料工程协会编制的《塑料排水带地基设计规范》(CTAG 02—97)要求:排水带带长小于15m,其压屈强度不小于250kPa;带长大于15m,压屈强度不小于350kPa。所以方法规定,加载等级分别为 50kPa、150kPa、250kPa、350kPa、450kPa。另外,通水量计算公式中取消温度修正,因为试验温度已经规定为 20℃±2℃,变化范围不大,可不作修正。

T 1144—2006 有效孔径试验(干筛法)

1 适用范围

1.1 本方法规定了用干筛法测定土工织物孔径的试验方法。

1.2 本方法适用于土工织物和复合土工织物。

2 引用标准

GB/T 6005—1997 试验筛、金属丝编织网、穿孔板和电成型薄板筛孔的基本尺寸
GB 8170 数值修约规则

3 定义

3.1 标准颗粒材料
洁净的玻璃珠或天然砂粒,其粒径应符合本方法中4.3的粒径分组要求。

3.2 孔径
以通过其标准颗粒材料的直径表征的土工织物的孔眼尺寸。

3.3 有效孔径(O_e)
能有效通过土工织物的近似最大颗粒直径,例如 O_{90} 表示土工织物中90%的孔径低于该值。

4 仪器设备及材料

4.1 筛子:直径 200mm。

4.2 标准筛振筛机。
横向振动频率:220次/min±10次/min;回转半径:12mm±1mm。
垂直振动频率:150次/min±10次/min;振幅:10mm±2mm。

4.3 标准颗粒材料。
标准颗粒材料粒径分组如下:
0.045~0.063、0.063~0.071、0.071~0.090、0.090~0.125、0.125~0.180、0.180~0.250、0.250~0.280、0.280~0.355、0.355~0.500、0.500~0.710(mm)。

4.4 天平:称量200g,感量0.01g。

4.5 秒表、细软刷子、剪刀等。

5 试样制备

5.1 取样:按本规程 T 1101—2006 的规定取样。

5.2 试样数量及尺寸:剪取 $5 \times n$ 块试样,n 为选取粒径的组数;试样直径应大于筛子直径。

5.3 试样调湿:按本规程 T 1101 中的第 5.1 条规定进行。当试样在间隔至少 2h 的连续称重中质量变化不超过试样质量的 0.25% 时,可认为试样已经调湿。

6 试验步骤

6.1 试验前应将标准颗粒材料与试样同时放在标准大气条件下进行调湿平衡。

6.2 将同组 5 块试样平整、无褶皱地放入能支撑试样而不致下凹的支撑筛网上。从较细粒径规格的标准颗粒中称 50g,均匀地撒在土工织物表面上。

6.3 将筛框、试样和接收盘夹紧在振筛机上,开动振筛机,摇筛试样 10min。

6.4 关机后,称量通过试样进入接收盘的标准颗粒材料质量,精确至 0.01g。

6.5 更换新的一组试样,用下一较粗规格粒径的标准颗粒材料重复 6.2~6.4 步骤,直至取得不少于三组连续分级标准颗粒材料的过筛率,并有一组的过筛率达到或低于 5%。

7 结果计算

7.1 按下式计算过筛率,结果按 GB 8170 修约到小数点后两位:

$$B = \frac{P}{T} \times 100 \quad (T\ 1144\text{-}1)$$

式中:B——某组标准颗粒材料通过试样的过筛率(%);
　　　P——5 块试样同组粒径过筛量的平均值(g);
　　　T——每次试验用的标准颗粒材料量(g)。

7.2 以每组标准颗粒材料粒径的下限值作为横坐标(对数坐标),相应的平均过筛率作为纵坐标,描点绘制过筛率与粒径的分布曲线。找出曲线上纵坐标 10% 所对应的横坐标值,即为 O_{90};找出曲线上纵坐标 5% 所对应的横坐标值,即为 O_{95},读取两位有效数字。

7.3 土工织物有效孔径分布曲线的绘制示例

7.3.1 曲线的绘制

以每组标准颗粒材料粒径的下限值为横坐标、过筛率的平均值为纵坐标绘制有效孔径分布曲线(图 T 1144-1)。

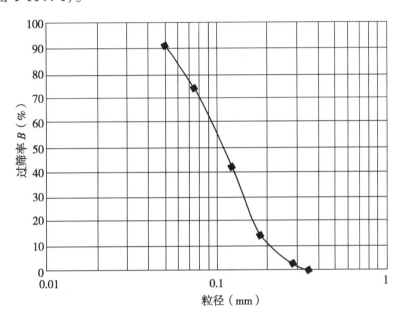

图 T 1144-1 有效孔径分布曲线

7.3.2 O_{90}、O_{95} 值的确定

O_{90} 表示 90% 的标准颗粒材料留在土工织物上,其过筛率 B 为 $1-90\%=10\%$,曲线上纵坐标为 10% 点所对应的横坐标即定义为有效孔径 O_{90},单位为 mm。

O_{95} 表示 95% 的标准颗粒材料留在土工织物上,其过筛率 B 为 $1-95\%=5\%$,曲线上纵坐标为 5% 点所对应的横坐标即定义为有效孔径 O_{95},单位为 mm。

8 试验报告

试验报告应包括以下内容:
(1)样品名称、规格型号;
(2)样品状态的描述;
(3)试验日期;
(4)试验设备型号、主要技术指标;
(5)试验条件(标准颗粒材料的选用、摇筛时间等);
(6)试验结果(孔径分布曲线、有效孔径);

(7)任何偏离规定程序的详细说明。

条文说明

孔径是土工织物水力学特性中的一项重要指标,它反映土工织物的过滤性能,既可评价土工织物阻止土颗粒通过的能力,又反映土工织物的透水性。表征土工织物孔径特征的指标是有效孔径。

测试原理是:用土工织物试样作为筛布,将已知粒径的标准颗粒材料放在土工织物上面振筛,称量通过土工织物的标准颗粒材料质量,计算出过筛率,调换不同粒径的标准颗粒进行试验,由此绘出有效孔径分布曲线,并求出有效孔径值。

目前测量有效孔径的方法主要有干筛法和湿筛法,干筛法较为常用。国内外有关干筛法的标准主要有《土工布表观孔径的测定 干筛法》(BS 6906)、《土工布表观孔径的测定》(ASTM D4751—1999)、《土工布及其有关产品 有效孔径的测定 干筛法》(GB/T 14799—2005)。

本次修订主要参考了 BS 6906 和 ASTM D4751—1999 的技术内容和我国的实际情况。修订点是:

(1)增加了标准颗粒材料的定义,明确了标准颗粒材料不仅指玻璃微珠,还包括天然砂;同时修改了标准颗粒材料的粒径分档,从 8 档改成 10 档,标准颗粒的分档符合国家标准《试验筛、金属丝编织网、穿孔板和电成型薄板筛孔的基本尺寸》(GB/T 6005—1997)有关筛网尺寸的规定。

(2)增加了试验用标准大气条件,因为试验室的湿度对孔径试验(干筛法)影响很大,湿度过大会引起标准颗粒粘结,湿度过低会使静电增强。

(3)修改了标准颗粒材料的分档振筛程序,由从粗到细改为从细到粗进行试验;振筛时间由 20min 改为 10min;孔径分布曲线的横坐标从左到右的顺序进行了调整,由从大到小改为从小到大。

(4)明确了试验结束是以通过试样的标准颗粒材料质量达到或低于 5% 为准,而不是 10%。

T 1145—2006 淤堵试验

1 适用范围

1.1 本方法规定了采用梯度比方法测定一定水流条件下土与土工织物系统及其交界面上的渗透系数和渗透比,以及测定土工织物含泥量的试验方法。

1.2 本方法适用于土工织物及复合土工织物,以判断土工织物作为某种土的滤层时是否会产生不允许的淤堵。

2 定义

梯度比:淤堵试验中,土工织物试样至其上方 25mm 土样的水力梯度与织物上方从 25～75mm 之间土样的水力梯度的比值。

3 仪器设备及材料

3.1 梯度比渗透仪:

3.1.1 渗透仪筒体为内径100mm的透明圆筒,有夹持单片或多片土工织物试样的装置,周边应密封良好,圆筒应有一定的高度,织物上方的土样高为100mm,土样上方应有一定的空间使水流均匀稳定。

3.1.2 渗透仪圆筒侧壁的6根测压管,其内径不小于3mm,接头处应设滤层,防止土样堵塞管口。进水口、排水口、排气口及6根管的分布见图T 1145-1。

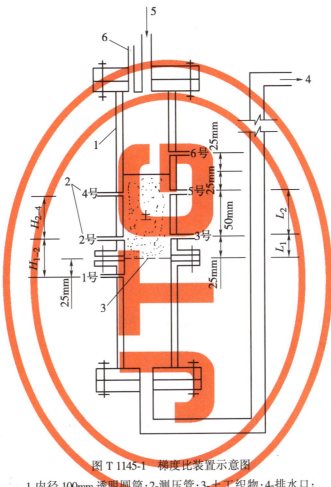

图T 1145-1 梯度比装置示意图
1-内径100mm透明圆筒;2-测压管;3-土工织物;4-排水口;
5-连常水头水容器;6-排气口

3.1.3 土工织物底部应放置具有一定刚度和孔径(6mm)的筛网,以支承土工织物。筛网与织物一起在夹持装置内密封。

3.2 供水系统:进水和出水装置均应有溢水口,保证常水头。

3.3 测压板:测压管固定在板上,应装有刻度尺,最小分度值为1mm。

3.4 其他:真空泵、水加热器、秒表、量筒、温度计、水桶等。

4 试样制备

4.1 取样:按本规程 T 1101—2006 的规定取样。

4.2 试样数量及尺寸:试样尺寸应与渗透仪尺寸相适应;试样数量根据试验组合和设计滤层中织物的层数而定。

4.3 试验前称量土工织物试样的质量,精确至 0.01g。

4.4 土料:将土料风干后进行筛分,剔除粒径大于 5mm 的颗粒。

4.5 试验用水:试验应用脱气水,水温宜比室温高 3℃~4℃。

5 试验步骤

5.1 将织物试样和筛网一起放在夹持装置内,并密封好。

5.2 装入土样,土样高为 100mm。对于松土样,可用漏斗将风干土倒入渗透仪内整平即可;对于密实土样,应分层击实至要求的密度。装样过程中应防止测压管的进口被堵塞。

5.3 饱和土样。由排水口管进水,使水由试样底部缓慢流入,可控制进水水头小于 25mm,直至水位上升到土样顶面一定高度,始可从进水管注水,并使整个容器内充满水(为加速土样饱和,可采用真空泵抽气法或用充 CO_2 的方法)。

5.4 调节水位,使水力梯度 i 达 1.0,观察测压管内的水位变化。

5.5 当全部测压管读数达到稳定后,将上游进水容器保持常水头,打开出水口阀门,水流通过试样进行渗流。

5.6 每小时测读一次测压管水位和渗水量,同时记录渗水时间和水温,连续测读 24h。如读数尚未完全稳定,可适当延长测读时间,直至稳定为止。

5.7 当 $i=1.0$ 时的试验结束后,调整水力梯度 i,分别对该试样进行 $i=2.5$、$i=4.0$ 及 $i=10.0$ 时的试验。当 i 每增加一级后,应等测压管读数稳定,并在该级梯度下渗流达 1.5h 以上。当 i 达 10.0 且测压管读数稳定后,重复 5.5~5.6 步骤。

5.8 试验结束,取出土工织物试样,轻轻清除表面浮土,烘干后称量土工织物及其内部含土的总质量,精确至 0.01g。

6 结果计算(见图 T 1145-1)

6.1 按下式计算梯度比 GR:

$$GR = \frac{H_{1-2}/L_1 + \delta}{H_{2-4}/L_2} \qquad (T\ 1145\text{-}1)$$

式中:GR——梯度比;
δ——土工织物厚度(mm);
H_{1-2}——测压管 1 号与 2 号间的水位差(mm);
H_{2-4}——测压管 2 号与 4 号间的水位差(mm);
L_1、L_2——渗径长(mm)。

不计土工织物厚度时,GR 按下式计算:

$$GR = \frac{2H_{1-2}}{H_{2-4}} \qquad (T\ 1145\text{-}2)$$

6.2 按下式计算土工织物单位体积试样中的含土量 μ:

$$\mu = \frac{m_1 - m_0}{A\delta} \qquad (T\ 1145\text{-}3)$$

式中:μ——织物单位体积试样中的含土量(g/cm³);
m_0——试验前织物试样的质量(g);
m_1——试验后织物试样的烘干质量(g);
A——织物试样面积(cm²);
δ——织物厚度(cm)。

7 试验报告

试验报告应包括以下内容:
(1)样品名称、规格型号;
(2)土样状态的描述;
(3)试验日期;
(4)试验时试样的层数;
(5)梯度比及梯度比随时间的变化过程曲线;
(6)试样单位体积的含土量;
(7)任何偏离规定程序的详细说明。

条文说明

判断淤堵通常是由通过织物水流量的减小,以及进入织物土颗粒的增多来评估的。流量的减小是用梯度比来定量表示的,进入织物的土颗粒量是用试验后土工织物单位体积的含土量来表示的。因为梯度比试验方法，试验历时较短，操作简单，相对比较成熟，所以在淤堵试验中得到普遍应用。本方法主要参考了美国FHWA《土工织物工程手册》和水利部《土工合成材料测试规程》(SL/T 235)，并基本保持了原规程相关章节的内容。

淤堵试验目前尚没有确定判断淤堵程度的指标值，也没有把淤堵试验的结果与滤层设计联系起来的公式和具体方法。

7 耐久性能试验

T 1161—2006 抗氧化性能试验

1 适用范围

1.1 本方法规定了聚丙烯和聚乙烯类土工合成材料抗氧化性能的试验方法。

1.2 本方法适用于以聚丙烯和聚乙烯为原料的土工合成材料,但不适用于土工膜。

2 引用标准

GB/T 3923.1 纺织品 织物拉伸性能(条样法)
GB 8170 数值修约规则

3 仪器设备及用具

3.1 拉伸试验机:应具有等速拉伸功能,拉伸速率可以设定,并能测读拉伸过程中的应力、应变量。

3.2 恒温烘箱:烘箱有可调节的通风口,箱内有足够的空间供悬挂试样,并能保持设定的温度,温度精度为±1℃。

3.3 耐热的试样夹持夹具:悬挂于烘箱内,能保持试样间有至少10mm的间隔,离烘箱壁的距离至少100mm。

4 试样制备

4.1 取样:按本规程 T 1101—2006 取样与试样准备规定的方法抽取样品。

4.2 试样数量和尺寸:从样品上剪取两组试样,一组用作加热老化的老化样;一组用作对照样。每组纵、横向各取5块试样,土工织物每块试样的尺寸至少300mm×50mm,土工格栅试样在宽度方向上应保持完整的抗拉单元,在长度方向至少有三个连接点,试样的中间有一个连接点。

注:建议多老化几块试样,作为机械性能试验失败时的备用样。

4.3 试样调湿和状态调节：

4.3.1 试样在入烘箱内老化前不需进行调湿和状态调节。

4.3.2 进行拉伸性能试验前,对老化样和对照样进行调湿和状态调节,按本规程 T 1101—2006 中的第 5 条规定进行。

5 试验步骤

5.1 设定烘箱温度:聚丙烯材料试样烘箱温度设定为 110℃±1℃;聚乙烯材料试样烘箱温度设定为 100℃±1℃。

5.2 当烘箱温度稳定后,将试样夹持在夹具上,悬挂在烘箱内,试样间彼此不接触,试样的总体积不超过烘箱内空间体积的 10%,试样距烘箱壁的距离至少 100mm。

5.3 对于起加强作用的土工合成材料试样,或使用时需要长时间拉伸的试样,聚丙烯材料试样需在烘箱内老化 28d;聚乙烯材料试样老化 56d。对于用作其他方面的土工合成材料试样,聚丙烯材料试样需老化 14d;聚乙烯材料试样老化 28d。

5.4 由于耐热试验过程中试样可能产生收缩,所以拉伸试验前应将对照样在烘箱相同温度下放置 6h 后,再调湿进行拉伸试验。

5.5 拉伸性能测定:当试样在烘箱中达到规定的时间后,把试样取出,按本规程 T 1101—2006 中的第 5 条规定进行调湿和状态调节。按《纺织品 织物拉伸性能（条样法）》(GB/T 3923.1)进行拉伸试验,拉伸速率为 100mm/min。分别计算纵、横向断裂强力的平均值,对照样记为 F_c,老化样记为 F_e;分别计算纵、横向断裂伸长的平均值,对照样记为 ε_c,老化样记为 ε_e。如果其中一块试样的拉伸试验无效,则在相同方向上再取一块试样（经过相同处理）进行试验。

6 结果计算

6.1 按式(T 1161-1)计算断裂强力保持率,按 GB 8170 修约至 1 位小数:

$$R_F = \frac{F_e}{F_c} \times 100 \quad \text{(T 1161-1)}$$

式中：R_F——样品的断裂强力保持率(%);
F_e——老化样的平均断裂强力(N);
F_c——对照样的平均断裂强力(N)。

6.2 按式(T 1161-2)计算断裂伸长的保持率,按 GB 8170 修约至 1 位小数:

$$R_\varepsilon = \frac{\varepsilon_e}{\varepsilon_c} \times 100 \tag{T 1161-2}$$

式中:R_ε——样品的断裂伸长保持率(%);
　　　ε_e——老化样的平均断裂伸长(mm);
　　　ε_c——对照样的平均断裂伸长(mm)。

7 试验报告

试验报告应包括以下内容:
(1)样品名称、规格型号;
(2)样品状态的描述;
(3)试验日期;
(4)老化试验的时间;
(5)所用烘箱的型号;
(6)烘箱温度和最大偏差;
(7)温度对对照样的影响;
(8)断裂强力保持率 R_F;
(9)断裂伸长保持率 R_ε;
(10)任何偏离规定程序的详细说明。

条文说明

抗氧化性能是土工合成材料耐久性能的重要指标之一,其试验方法是本次修订的新增项。

目前国内外有关的试验方法有:《土工布及其有关产品　抗氧化性能的筛选试验方法》(ISO 13438:2004)、欧洲标准《土工布及其有关产品　评定耐久性的通用试验方法》(ENV 12226:1996)、《土工布及其有关产品　抗氧化性能的试验方法》(GB/T 17631—1998)。

本方法参照采用了 ISO 13438:2004 和 GB/T 17631—1998 的技术内容,目的在于提供一种方法,用于筛选抗氧化性能好的土工合成材料。由于没有与土工合成材料实际寿命之间的对比试验数据,本方法仅适用于材料的筛选,而不能获得材料的实际使用寿命。

试验过程中应注意:

(1)试验中,烘箱的温度是关键。烘箱在整个试验过程中应保持恒温,以使试样的温度保持在规定试验温度的 ±1℃ 的范围内。在 14d、28d 或更长时间的试验过程中,必须每天观察并记录试验温度,如发现温度达不到试验要求,应及时查找原因。

(2)聚丙烯或聚乙烯材料的试样在烘箱中长时间放置,可能会发生收缩,所以剪取试样时可适当放大尺寸,但须使对照样和老化样这两组试样的尺寸完全一致,以保证试验结果有可比性。

(3)由于耐热试验过程中试样可能产生收缩,所以对照样必须在与老化样相同的烘箱中放置 6h 后,才能进行拉伸比对试验,而不能用原始样替代对照样直接进行试验。

T 1162—2006 抗酸、碱液性能试验

1 适用范围

1.1 本方法规定了土工合成材料抗酸、碱液性能的试验方法。

1.2 本方法适用于所有的土工合成材料。

注:本方法仅考虑试样全部浸渍于酸、碱液体中的情况。对于其他情况,可修改试验条件以符合特殊应用的要求。也可适用于某些方法预处理后的试样,例如经风化、水萃取处理或者安装时受损的试样。

2 引用标准

GB 8170　数值修约规则

GB/T 3923.1　纺织品　织物拉伸性能(条样法)

3 仪器设备及材料

3.1 拉伸试验机:应具有等速拉伸功能,拉伸速率可以设定,并能测读拉伸过程中的应力、应变。

3.2 试验容器应具有下列装置:

3.2.1 密封盖:以限制挥发性成分的蒸发,如果有必要的话,可使用回流冷凝器。

3.2.2 搅拌器(或等效装置):保持液体以及液体和试样间物质交换均匀。

3.2.3 试样架:确保试样位置适当,使试样间的距离至少为 10mm。

3.2.4 在密封盖上至少有一个可关闭的小孔,以便注入液体,控制液体的浓度。

试验容器应有足够大的容积,并且能保持试液恒定的温度为 60℃ ± 1℃。容器和装置所用的材料应能抗试验用化学品的腐蚀,通常可用玻璃或不锈钢。

3.3 试液:

使用两种类型的液体:

(1)无机酸:0.025mol/L 的硫酸。

(2)无机碱:氢氧化钙[$Ca(OH)_2$]饱和悬浮液,例如可用约 2.5g/L 的 $Ca(OH)_2$。

应使用化学纯的试剂,试验用水为 3 级水。

注:在浸渍试验期间,应保持媒介的组成不变。在有效元素浓度降低,或者相态体系发生变化的情况下,按常规方

法调节浓度或更换液体。

4 试样制备

4.1 取样:按本规程 T 1101—2006 取样与试样准备规定的方法抽取样品。

4.2 试样的数量和尺寸

从样品上剪取三组试样,一组用作耐酸液的浸渍样;一组用作耐碱液的浸渍样;一组用作对照样。单位面积质量的测定:每组 5 块试样,每块试样的尺寸至少 100mm×100mm;尺寸变化和拉伸性能的测定:纵横向应分别测定,试样的尺寸至少 300mm×50mm。土工格栅试样在宽度上应保持完整的抗拉单元,在长度方向应至少有三个连接点,试样的中间有一个连接点。

注:1. 建议多备出几块试样,作为拉伸试验失败时的备用样。
 2. 如果产品上有涂层,并且该涂层在使用过程中能够被溶液渗透,那么应分别对涂层试样和去掉涂层后试样进行试验。如果未按上述要求试验,就应在试验报告中注明:试样的涂层破损后有可能改变其抗化学性。
 3. 复合产品应分别评定各层的耐酸、碱液性能。但应注意,复合材料的性能可能由于分成单层而受到影响。

5 试验步骤

5.1 浸渍前的测定

浸渍前的测定,试样应进行调湿和状态调节,按本规程 T 1101—2006 中的第 5 条规定进行。

5.1.1 质量的测定

按本规程 T 1111—2006 单位面积质量规定的方法测定 5 块试样的单位面积质量,并计算其平均值 G_0。

5.1.2 尺寸的测定

分别在 5 块试样的中部沿长度方向画一条中心线,在垂直于长度方向上作两条标记线,标记线间的距离至少 250mm,沿中心线测量两个标记线之间的距离,并计算其平均值 d_0。

5.2 浸渍试验

5.2.1 试验用液体的量应是试样重量的 30 倍以上,并能使试样完全浸没。酸碱两种液体的温度均为 60℃±1℃。

5.2.2 将耐酸液的浸渍样和耐碱液的浸渍样,在不受任何机械应力的情况下,分别放在盛硫酸溶液和氢氧化钙溶液的容器中,试样之间、试样与容器壁之间以及试样与液体表面之间的距离至少为 10mm。不同材料的试样不应在同一个容器内试验。试样分别在两种液体中浸渍 3d。

氢氧化钙溶液应连续搅拌,硫酸溶液每天至少搅拌一次,测定并记录液体的初始 pH 值。如液体连续使用,至少每 7d 要添加或者更换一次,以保持初始时的 pH 值。液体和试样应避光放置。

5.2.3 浸渍样从酸、碱溶液中取出后,先在水中清洗,然后在 0.01mol/L 的碳酸钠溶液中清洗,最后再在水中清洗,要保证清洗充分。

如是涤纶土工织物,从氢氧化钙浸渍液中取出后,需去除附着的对苯二酸钙晶体,可采用以下方法:在一个不断搅拌的装置中,在 10%(按重量)的氮川三乙酸钠中清洗 5min,然后在 3%(按重量)的乙酸溶液中清洗,最后用水清洗。

5.2.4 将对照样在温度为 60℃±1℃ 的清水中浸渍 1h,试验用水为三级水。

5.2.5 浸渍样和对照样试样应在室温下干燥或在 60℃温度下干燥,在干燥过程中不要对试样施加过大的应力。

5.3 浸渍后的测定

5.3.1 表观检查

用肉眼检查酸、碱浸渍样与对照样的差异,例如变色等,并记录下来。

5.3.2 质量的测定

按本规程 T 1111—2006 单位面积质量的测定方法,分别测定浸渍样和对照样的单位面积质量,并计算各自的平均值 G_e 和 G_c。

5.3.3 尺寸的测定

将浸渍样和水浸渍后的对照样,调湿后,沿中心线测量两个平行线之间的距离,并计算其平均值 d_e 和 d_c。

5.3.4 拉伸性能

按 GB/T 3923.1 分别进行浸渍样和对照样的拉伸性能试验,拉伸速率为 100mm/min。分别计算纵、横向断裂强力的平均值,浸渍样记为 F_e,对照样记为 F_c;计算断裂伸长的平均值,浸渍样记为 ε_e,对照样记为 ε_c。

5.3.5 显微镜观察

用放大 250 倍的显微镜观察浸渍样和对照样之间的差异,并给出定性的结论。

注:该步骤用于评定有损伤试样的纱线破坏程度。

6 结果计算

分别计算试样在酸、碱液体浸渍后的性能变化。

6.1 质量的变化

按式(T 1162-1)计算质量变化率,按 GB 8170 修约到小数点后 1 位:

$$P_G = \frac{G_e - G_c}{G_0} \times 100 \qquad (T\ 1162\text{-}1)$$

式中:P_G——样品的单位面积质量变化率(%);
G_e——浸渍样的平均单位面积质量(g/m²);
G_c——对照样的平均单位面积质量(g/m²);
G_0——浸渍前试样的平均单位面积质量(g/m²)。

P_G 为负时表示质量损失,为正时表示质量增加。

6.2 尺寸的变化

按式(T 1162-2)计算尺寸变化率,按 GB 8170 修约到小数点后 1 位:

$$P_d = \frac{d_e - d_c}{d_0} \times 100 \qquad (T\ 1162\text{-}2)$$

式中:P_d——样品的尺寸变化率(%);
d_e——浸渍样的平均尺寸(mm);
d_c——对照样的平均尺寸(mm);
d_0——浸渍前试样的平均尺寸(mm)。

P_d 为负时表示收缩,为正时表示伸长。

6.3 拉伸性能的变化

按式(T 1162-3)计算强力保持率,按 GB 8170 修约到小数点后 1 位:

$$R_F = \frac{F_e}{F_c} \times 100 \qquad (T\ 1162\text{-}3)$$

式中:R_F——样品的强力保持率(%);
F_e——浸渍样的平均断裂强力(N);
F_c——对照样的平均断裂强力(N)。

按式(T 1162-4)计算断裂伸长的保持率,按 GB 8170 修约到小数点后 1 位:

$$R_\varepsilon = \frac{\varepsilon_e}{\varepsilon_c} \times 100 \qquad (T\ 1162\text{-}4)$$

式中：R_ε——样品断裂伸长的保持率(%)；
　　　ε_e——浸渍样的平均断裂伸长(mm)；
　　　ε_c——对照样的平均断裂伸长(mm)。

7 试验报告

试验报告应包括以下内容：

(1)样品名称、规格型号；

(2)样品状态的描述；

(3)试验日期；

(4)视觉评定结果，如果使用显微镜观察，标明放大倍数；

(5)分别报出试样在酸、碱液中浸渍后的性能变化：质量变化率 P_G；尺寸变化率 P_d；强力保持率 R_F；断裂伸长保持率 R_ε；

(6)任何偏离规定程序的详细说明。

条文说明

土工合成材料在工程应用中，不可避免酸碱溶液的侵蚀，抗酸碱性能是土工合成材料耐久性能的重要指标之一，试验方法是本次修订的新增项。

目前国内外有关的试验方法有：《土工布及其有关产品　抗酸碱液性能的筛选试验方法》(ISO/DTR 12960:1998)、欧洲标准《土工布及其有关产品　评定耐久性的通用试验方法》(ENV 12226:1996)、澳大利亚标准《土工布　试验方法　方法 12：耐久性测定　抗碳氢化合物和化学试剂》(AS 3706.12—1990)、《土工布及其有关产品　抗酸碱液性能的试验方法》(GB/T 17632—1998)。

本方法参照采用了 ISO/DTR 12960:1998 和 GB/T 17632—1998 的技术内容，目的在于提供一种方法，筛选出抗酸碱的土工合成材料，而不是获得实际使用寿命。

试验中应注意：

(1)由于没有定型仪器，可根据标准要求自行配置。试验容器应用不锈钢制作3个：酸容器、碱容器和水容器。

(2)裁样时必须使3组试样的尺寸完全一致，只有这样才能保证试验结果的可比性。

(3)在测定质量变化时，应以浸渍前试样的面积为准，不用考虑浸渍后的尺寸变化。

(4)由于浸渍样在浸渍的过程中可能产生收缩，所以对照样必须在相同温度的水中浸泡1h，而不能用原样直接作为对照样使用。

T 1163—2006　抗紫外线性能试验(氙弧灯法)

1 适用范围

1.1 本方法规定了土工合成材料抗紫外线性能的试验方法(氙弧灯法)。

1.2 本方法适用于所有的土工合成材料。

2 引用标准

GB/T 15596—1995 塑料暴露于玻璃下日光或自然气候或人工光后颜色和性能变化的测定

GB/T 16422.1—1996 塑料实验室光源暴露试验方法 第1部分:通则

3 仪器设备及材料

3.1 光源

3.1.1 石英套管氙弧灯的光谱范围包括波长大于270nm的紫外光、可见光和红外辐射。

为了模拟直接的自然暴露,辐射光源必须过滤,以便提供与地球上的日光相似的光谱能量分布(方法A),见表T 1163-1。

采用可减少波长320nm以下光谱辐照度的滤光器来模拟透过窗玻璃滤光后的日光(方法B),见表T 1163-2。

当加热试样对光化学反应速度有不利影响,或在自然暴露下并不会引起热老化时,可以使用附加的滤光器来减少非光化作用的红外能量。

氙弧灯和滤光器的特性在使用时会因老化而变化,因此应定时更换。此外,氙弧灯和滤光器积聚污垢时也会改变其特性,因此应定时清洗。氙弧灯和滤光器的更换和清洗应按制造厂家的说明进行。

3.1.2 经滤光的氙弧灯光源的紫外光辐射分布和允差列于表T 1163-1和表T 1163-2。表T 1163-1列出的适用于人工气候老化(方法A),表T 1163-2列出的适用于透过窗玻璃日光的模拟暴露(方法B)。

表 T 1163-1 人工气候老化的相对光谱辐照度(方法A)

波长 λ(nm)	相对光谱辐照度[①](%)
290 < λ ≤ 800	100
λ ≤ 290	0[②]
290 < λ ≤ 320	0.6±0.2
320 < λ ≤ 360	4.2±0.5
360 < λ ≤ 400	6.2±1.0

注:① 290~800nm间的光谱辐照度定为100%。
② 按方法A操作的氙弧灯光源发出少量低于290nm的辐射,在某些情况下这会引起试样在户外暴露时并不发生的降解反应。

表 T 1163-2　透过窗玻璃的日光的相对光谱辐照度(方法 B)

波长 λ(nm)	相对光谱辐照度*(%)
300 < λ ≤ 800	100
λ ≤ 300	0
300 < λ ≤ 320	< 0.1
320 < λ ≤ 360	3.0 ± 0.5
360 < λ ≤ 400	6.0 ± 1.0

注：* 300～800nm 间的光谱辐照度定为 100%。

3.1.3 波长 290～800nm 之间的通带，选择 550W/m^2 的辐照度用作暴露试验时参考。这不一定是首选的辐照度。若经有关方面协商，也可以选择其他的辐照度，但应在试验报告中说明所选择的辐照度和通带。

3.1.4 在平行于灯轴的试样架平面上的试样，其表面上任意两点之间的辐照度差别不应大于 10%。如果不能达到这个要求，应定期变换试样的位置，以保证试样在任意部位上有相同的暴露量。

注：只要所用试验箱满足 3.2 的设计要求，光谱辐照度可以是对时间的平均值。

3.2　试验箱

试验箱内有一个框架，该框架能按需要带动试样架转动，使试样表面空气流通以便对温度进行控制。

应相对于试样来确定辐射光源的位置，使试样表面的辐照度符合 3.1.3 和 3.1.4 的规定。

如果氙弧灯在工作时产生臭氧，应把灯和试样与操作人员隔离。如果空气流中存在臭氧，应抽风把它直接排出户外。

为了减少灯的偏心影响，或者在同一个试验箱中为增加辐照度而使用多支灯时，为改进暴露的均匀性，可以让框架携带试样围绕光源转动。如有需要，可定期变换每件试样的位置。

可以让试样架也围绕其自身的轴心转动，以使试样架上本来并不直接暴露的面能够直接暴露在光源的辐射下。

可以设定程序利用熄灭光源而得到黑暗循环，以模拟无日光辐射时的受控暴露条件。

无论使用何种操作方式或设定程序，都应在报告中详细说明。

3.3　辐射仪

辐射仪应可任意设定测量试件表面辐照度或辐照量，它是用一个光电传感器来测量辐照度和辐照量的仪器。光电传感器的安装必须使它接受的辐射与试样表面接受的相同。如果光电传感器与试样表面不处于同一位置,就必须有一个足够大的观测范围,并校定它处于试样表面相同距离时的辐照度。

辐射仪必须在使用的光源辐射区域内校定,每年至少进行一次全面的校定。

当进行辐照度测量时,必须报告有关双方商定的波长范围。通常使用 300～400nm 或 300～800nm 范围内的辐照度。

3.4 黑标准温度计或黑板温度计

3.4.1 黑标准温度计

当黑标准温度计与试样在试样架同一位置受到辐射时,黑标准温度近似于导热性差的深色试样的温度。这种温度计是由长 70mm、宽 40mm、厚 1mm 的平面不锈钢制成。平板对光源的一面涂上一种耐老化的黑色平光涂层。涂覆后的黑板至少吸收 2 500 nm 以内总入射光通量的 95%。用铂电阻传感器测量平板温度,传感器安装在背光源的一面,并与平板中心有良好的热接触。金属板的这一面用 5mm 厚的、有凹槽的聚偏二氟乙烯(PVDF)底座固定,使它仅在传感器范围形成空间。传感器与 PVDF 平板凹槽之间的距离约 1mm。PVDF 板的长度和宽度必须足够大,以确保在试验架上安装黑标准温度计时,金属板与试验架之间不存在金属接触。试验架上的金属支架与金属板的边缘至少相距 4mm。

为了测定试样表面的温度范围及更好地控制设备的辐照度和试验条件,除使用黑标准温度计外,还增加使用白标准温度计。白标准温度计和黑标准温度计设计相同,它用耐老化的白色涂层代替黑色平光涂层。白色涂层比黑色平光涂层在 300～1 000nm 范围内的吸收至少降低 90%,在 1 000～2 500nm 范围内至少降低 60%。

3.4.2 黑板温度计

黑板温度计仍得到广泛应用,但各种型号的设备所使用的黑板温度计在设计上已有许多发展变化。黑板温度计是使用一种非绝热的黑色金属板底座。这就是黑板温度计与黑标准温度计的本质区别。在规定的操作条件下,黑板温度计的温度低于黑标准温度计所显示的温度。有一种黑板温度计是由一块长约 150mm、宽 70mm、厚 1mm 的平面不锈钢制成。平板对光源的一面涂上一层黑色平光涂层。涂覆后的黑板至少吸收 2 500nm 以内总入射光通量的 90%。平板温度的测量是通过一个位于板的中心并与黑板的对光面牢固连接的、已涂黑的杆状双金属盘式传感器来进行的,或是通过测温电阻传感器来进行。对于尺寸不同、传感元件不同和传感元件固定方式不同的黑板温度计,应在报告中说明。黑板温度计在试样架上安装的形式也应说明。

3.5 控湿装置

试样表面流通空气的相对湿度应予以控制,并用适当的仪器进行测量。该仪器在箱内应不受灯辐射的影响。

3.6 喷水系统

在规定条件下,可用蒸馏水或软化水间歇地喷淋试样表面。喷水系统应由不污染用水的惰性材料制成。喷水不应在试样面上留下明显的污迹和沉淀物,水的固体含量小于 1mg/L 或水的电导率小于 5μs/cm。使用蒸馏、去离子和反渗透方法能得到符合质量要求的水。在试验报告中要说明水的 pH 值。

3.7 试样架

试样架可以是有背板或无背板形式,应采用不影响试验结果的惰性材料(例如铝合金或不锈钢)制成。与试样接触的物件不应使用黄铜、钢或铜。使用有背板的暴露,可能会影响试验结果,特别是对透明试样,因此应由有关方面商定。

3.8 评定性能变化的设备

用于评定试样暴露后性能变化的设备应符合国家标准的规定,见 GB/T 15596。

4 试样制备

见 GB/T 16422.1。

5 试验条件

5.1 黑标准温度或黑板温度

选择以下两种黑标准温度用作暴露试验时的参考:65℃±3℃或 100℃±3℃。

注:较高的温度是为特殊试验而设置的,它有可能使试样更加容易经受热降解而影响试验结果。

以上温度并不一定是首选的试验温度。当有关方面协商一致时,也可以选择其他温度,但应在试验报告中说明。

如果使用喷水系统,在无水周期内应保持温度恒定。如果温度计不能达到规定温度,应在试验报告中说明在无水期间所达到的最高温度。

暴露装置即使以交替方式工作,黑标准温度计也应以连续方式进行测量。

如果使用黑板温度计,应在试验报告中说明温度计的类型、安置方式和所选择的工作温度。

5.2 相对湿度

试验所用的相对湿度应由有关方面商定,但是最好选用以下任一种条件:50%±5%或 65%±5%。

注:因为不同颜色和厚度的试样的温度不同,所以试验箱内测得的相对湿度不一定等于试样表面邻近空气的相对湿度。

5.3 喷水周期

试验所采用的喷水周期应由有关方面商定,但是最好选用以下的喷水周期:每次喷水时间 18min±0.5min；两次喷水之间的无水时间 102min±0.5min。

5.4 黑暗周期

5.1 和 5.3 所规定的条件适用于连续光照的试验。黑暗周期可选用更复杂的循环周期，比如具有较高相对湿度的黑暗周期，在该周期内提高试验箱温度并形成凝露。

应在试验报告中说明黑暗周期循环试验的具体条件。

6 试验步骤

6.1 试样固定

将试样以不受任何外加应力的方式固定于试样架上，每件试样应作不易消除的标记，标记不应标在后续试验要用的部位上。为了检查方便，可以设计试样放置的布置图。

如果有必要，在试样被用于测定颜色和外观的变化试验时，在整个试验期间可用不透明物遮盖每个试样的一部分，以比较遮盖面与暴露面，这对于检查试样的暴露过程是有用的。但试验结果应以试样暴露面与保存在暗处的对照试样的比较为准。

6.2 暴露

在试样投入试验箱前，应保证设备是在所选定的试验条件下运转(见本方法 5 试验条件)，在试验过程中应保持恒定。

试样暴露应达到规定的暴露期。如果需要，可将辐照度测定装置同时暴露。最好是经常变换试样的位置，以减少任何暴露的局部不均匀性。变换试样的位置时，应保持试样初始固定时的取向。

如果需要取出试样作定期检查，应注意不要触摸或破坏试样表面。检查后，试样应按原状放回各自的试样架或试验箱，保持试验表面的取向与检查前一致。

6.3 辐射暴露的测量

如果使用光剂量测量仪，它的安装应使辐射计能够显示试样暴露面上的辐照度。

对于所选择的通带，在暴露周期内的辐照度，用在暴露平面上单位面积的入射光谱辐射能量表示，单位是 J/m^2。

6.4 试样暴露后性能变化的测定

按 GB/T 15596 的规定进行。

7 试验报告

试验报告应包括以下内容：
(1)样品名称、规格型号和状态描述；
(2)试验方法；
(3)试验箱型号、灯及滤光系统的详细说明，包括更换时间表和更换位置时间表、试样表面辐照度；

(4) 黑标准温度计或黑板温度计型号及安装形式；

(5) 黑标准温度或黑板温度及相对湿度的平均值和偏差、喷水和凝露周期；

(6) 试样的背板、支撑架及附件的性质，试样转动条件；

(7) 确定暴露阶段的方法，如果采用辐照量，说明其测量仪器；

(8) 按 GB/T 15596 要求表示试验结果；

(9) 如测定参照试样，应说明参照试样的变化情况。

(10) 试验结果、试验人员、日期及其他。

条文说明

抗紫外线性能是土工合成材料耐久性能的重要指标之一，其试验方法——氙弧灯法是本次修订的新增项。

氙弧灯法测定材料抗紫外线性能，是用氙弧灯作为光源对试样进行暴晒，主要是模拟和强化自然气候中的光、热、湿气和雨水等老化因素，其光谱与自然光极为相似。目前国内外氙弧灯法的试验方法标准主要有：《塑料 实验室光源暴晒试验方法 第2部分：氙弧灯》(ISO 4892-2)、《土工布抗紫外光和雨水性能的试验方法》(ASTM D4355)、《塑料实验室光源暴露试验方法 第2部分：氙弧灯》(GB/T 16422.2)。其主要参数见表 T 1163-3。

表 T 1163-3 参 数 对 照 表

项 目	ISO 4892-2	ASTM D4355	GB/T 16422.2
黑板温度(℃)	65±3 或 100±3	65±5	65±3 或 100±3
相对湿度(%)	50±5 或 65±5	30±5	50±5 或 65±5
喷淋周期(min)	喷水 18 干燥 102	喷水 30 干燥 90	喷水 18 干燥 102
暴晒时间(h)	150/300/500	150/300/500	根据要求
辐射强度(W/m²)	550		550 或根据要求

本方法非等效采用了 ISO 4892-2 和 GB/T 16422.2 的技术内容，即采用氙弧灯对试样进行耐候性试验。氙弧灯经过滤后的辐射与太阳光极相似，在暴晒过程中，按一定时间周期进行喷淋，模拟自然界的气候条件；在对试样进行长时间的暴晒后，进行拉伸试验，比较暴晒前后材料性能的变化，测定试样强力和伸长的保持率。由于人工气候毕竟与实际气候有一定的差异，所以试验结果多用于评价其老化趋势。

T 1164—2006 抗紫外线性能试验(荧光紫外灯法)

1 适用范围

1.1 本方法规定了土工合成材料抗紫外线性能的试验方法(荧光紫外灯法)。

1.2 本方法适用于所有的土工合成材料。

2 引用标准

GB/T 9344—88 塑料氙灯光源暴露试验方法(neq ISO 4892-2:1994)

GB/T 15596—1995 塑料暴露于玻璃下日光或自然气候或人工光后颜色和性能变化的测定

GB/T 16422.1—1996 塑料实验室光源暴露试验方法 第1部分:通则

3 定义

3.1 荧光紫外灯:发射100nm以下紫外光的能量至少占总输出光能80%的荧光灯。

3.2 Ⅰ型荧光紫外灯:发射300nm以下的光能低于总输出光能2%的一种荧光紫外灯。通常称为UV-A灯。

3.3 Ⅱ型荧光紫外灯:发射600nm以下的光能大于总输出光能10%的一种荧光紫外灯。通常称为UV-B灯。

3.4 冷凝暴露:试样表面经规定的辐照时间转入模拟夜间的无辐照状态,此时试样表面仍受暴露室内热空气和水蒸气的饱和混合物加热作用,而试样背面继续受到周围空间的空气冷却,形成试样表面凝露的暴露状态。

4 仪器设备及材料

4.1 光源

4.1.1 Ⅰ型灯是适用的,但Ⅰ型灯有多种不同的辐射光谱分布可供选择,通常可区分为UV-A340、UV-A351、UV-A355和UV-A365,名称中数字表示发射峰的特征波长(nm)。其中UV-A340更能模拟日光的300~340nm光谱分布。采用不同光谱的灯组合时,应有使试样表面辐射均匀的规定,例如使试样绕灯连续移位。

4.1.2 Ⅱ型灯发射光谱分布具有接近313nm汞线的峰值,在日光截止波长300nm以下有大量的辐射,可引起材料在户外不发生的老化。这种灯可在双方同意下采用,但协商的意见应在试验报告中详述。

4.1.3 多数荧光灯在使用过程中输出光能会逐渐衰减,应按照设备厂家关于使用方法要求的说明保持所需要的辐射。

4.2 暴露室

4.2.1 暴露室可有不同的形式，但应以惰性材料构成，并能提供符合4.1的均匀辐射以及控制温度的装置。需要时应能使试样表面凝露或提供喷水，或者能提供暴露室内控制湿度的方法。

4.2.2 试样的安装应使暴露面处于均匀的辐照面上。正对灯管端部160mm范围和灯管排列面边上50mm范围的试样架四周边缘区不宜投放试样。为使所有试样能有均匀的辐照和温度，可规定灯管换位和试样重排的方法。可按照制造厂家说明进行灯管换位。

4.3 辐射计

不强制要求使用辐射计监测辐照强度和试样表面辐照量。但如采用某一种辐射计，则应符合本系列标准 GB/T 16422.1—1996 的 5.2 要求。

4.4 黑标准温度计或黑板温度计

黑标准温度计或黑板温度计应符合 GB/T 16422.1—1996 中 5.1.5 的要求。

4.5 供湿装置

4.5.1 在设备中通过湿气冷凝机理使试样暴露面凝露润湿。水蒸气是由设置在试样架下方的容器内的水加热而产生的。

4.5.2 当设备不符合4.5.1时，可采取提供控制暴露室内相对湿度的方法，或者用纯水或模拟酸雨的水溶液喷淋试样的方法。用水参照 GB/T 9344。

4.6 试样架

试样架应以不影响试验结果的惰性材料制成。背板的存在及其所用材料会影响试样的老化结果，因此，背板的采用应由双方商定。

4.7 评价性能变化的设备

根据要求监测的性能项目，按照国家标准的规定选用仪器设备（见 GB/T 15596）。

5 试样制备

见 GB/T 16422.1 的规定。

6 暴露条件

6.1 暴露方式1

试样经一段光暴露期后，继之为无辐照期（其时温度发生变化和在试样上形成凝露）的循环试验，试验期按有关标准规定。如未规定循环条件，推荐采用下述循环：在黑标准温度60℃±3℃下辐照暴露4h或8h;然后,在黑标准温度50℃±3℃下无辐照冷凝暴露4h。

注:有些聚合物(例如PVC)的老化降解对于温度很敏感。这种情况下建议采用低于60℃的辐照暴露温度(例如50℃),以模拟较冷的气候。

选用辐照暴露继之冷凝暴露的程序时,允许的辐照或冷凝暴露期最短为2h,以保证各暴露期条件达到平衡。

6.2 暴露方式2

试样连续进行辐照暴露且有定时喷水的循环试验,试验期按有关标准规定。如无规定,推荐如下的试验条件:在黑标准温度50℃±3℃、空气相对湿度10%±5%条件下辐照暴露5h;然后,在黑标准温度20℃±3℃下继续辐照暴露并喷水1h。

7 试验步骤

7.1 安放试样架,使试样暴露面朝向光源。如需要,用黑色平板填补所有空处以保证均匀的暴露条件。

7.2 按选定的条件和程序以及要求的循环次数连续进行试验。维护设备和检查试样的间断时间应尽量缩短。

8 试验报告

试验报告应包括以下内容:
(1)样品名称、规格型号和状态描述;
(2)试验方法;
(3)试验箱型号、灯及滤光系统的详细说明,包括更换时间表和更换位置时间表、试样表面辐照度;
(4)黑标准温度计或黑板温度计型号及安装形式;
(5)黑标准温度或黑板温度及相对湿度的平均值和偏差、喷水和凝露周期;
(6)试样的背板、支撑架及附件的性质,试样转动条件;
(7)确定暴露阶段的方法,如果采用辐照量,说明其测量仪器;
(8)如测定参照试样,应说明参照试样的变化情况。
(9)试验结果、试验人员、日期及其他。

条文说明

抗紫外线性能是土工合成材料耐久性能的重要指标之一。其试验方法有多种,常见的方法有:氙弧灯法、荧光紫外灯法、开放式碳弧灯法。本次修订除新增了氙弧灯法外,还增加了荧光紫外灯法。

本方法是在控制环境的荧光紫外灯气候箱中进行试样的暴露试验。有几种不同型号的灯(见

3.1~3.3),推荐采用 UV-A 灯或 UV-A 组合灯。如采用不同光谱组合灯时,应保证试样表面所受的光谱辐照均匀,即应使试样围绕灯列连续移位。荧光紫外灯使用一种低压汞弧激发荧光物质而发射出紫外光,它能在较窄的波长区间产生连续光谱,通常只有一个波峰。其光谱分布是由荧光物质的发射光谱和玻璃的紫外透过性决定的。这种灯一般是使试样在某一局限光谱范围内的紫外光辐照下进行试验的。试验程序可以包括辐照强度和试样表面辐照量的测定。建议采用一种已知性能的类似材料作为参考,和受试材料同时暴露。在不同型号的设备上所得的试验结果不能作比较,除非受试材料在不同设备中的重现性已被确定。

试样表面温度是一个重要的暴露参数。一般,温度高会使聚合物降解过程加快,允许的试验温度应根据受试材料和老化性能评价指标而定。荧光紫外灯发出的红外线比氙弧灯和碳弧灯少,试样表面的加热作用基本上是由热空气对流形成的,因此,黑板温度计、黑标准温度计、试样表面和暴露室空气之间的温差是很小的。推荐采用 6.1、6.2 两种暴露方式,暴露方式 1 和 2 分别相应于 4.5.1 和 4.5.2 所述的供湿装置。经协商也可采用其他方式,但应在试验报告中说明暴露条件。

本方法参照采用了《塑料实验室光源暴露试验方法 第 3 部分:荧光紫外灯》(GB/T 16422.3)的技术内容,该方法与《塑料—暴露于实验室光源的方法 第三部分:荧光紫外灯》(ISO 4892-3:1944)的技术内容是一致的。

由于目前国内外氙弧灯法和荧光紫外灯法的使用都比较普遍,考虑到与行业内外有关标准的衔接,本次修订将两种方法都纳入了规程。

T 1165—2006 炭黑含量试验(热失重法)

1 适用范围

1.1 本方法规定了聚烯烃材料(含聚丙烯、聚乙烯)炭黑含量的试验方法。

1.2 本方法适用于聚烯烃塑料土工合成材料炭黑含量的测定。

2 仪器设备及材料

2.1 高纯度氮气(氮气中氧含量小于 20mg/kg),储存于配有减压阀和流量表的钢瓶中。

2.2 石英样品舟:长 50~60mm。

2.3 管式电炉:温度可达 600℃以上,用于裂解试样。

2.4 马弗炉:温度可达 1 000℃以上,用于煅烧试样。

2.5 玻璃干燥器:用于放置样品舟。

2.6 天平:感量 0.000 1g。

3 试样制备

3.1 取样:按本规程 T 1101—2006 取样与试样准备的有关规定进行。

3.2 制样:从样品中取 3 份样,粉碎后称量,每份约 1g,准确至 0.000 1g。

3.3 称量环境:温度为 23℃±2℃。

4 试验步骤

4.1 将管式电炉升温至 550℃±50℃。打开氮气钢瓶,使高纯度氮气进入管式电炉。调节流量计,使氮气通入管式电炉的流速为 200mL/min,大约 5min。

4.2 将装有样品的样品舟推入管式电炉的中心,调节高纯度氮气流速为 100mL/min,于 550℃±50℃的温度下热解 45min。

4.3 热解终了时,将样品舟移回至管式电炉的低温部分,继续保持通入高纯度氮气 10min。

4.4 取出样品舟,置于干燥器中冷却,称量,准确至 0.000 1g。

4.5 将样品舟置于马弗炉中煅烧,温度为 900℃±50℃,直至炭黑全部消失为止。再放入干燥器中冷却,称量,准确至 0.000 1g。

5 结果计算

炭黑含量 $C(\%)$ 由式(T 1165-1)计算:

$$C = \frac{m_2 - m_3}{m_1} \times 100 \tag{T 1165-1}$$

式中:m_1——试样质量(g);
m_2——样品舟和试样在 550℃热解后的质量(g);
m_3——样品舟和灰分在 900℃煅烧后的质量(g)。

取三个试验结果的算术平均值,保留两位有效数字。

其中灰分含量 $C_1(\%)$ 由式(T 1165-2)计算:

$$C_1 = \frac{m_3 - m}{m_1} \times 100 \tag{T 1165-2}$$

式中:m——样品舟质量(g);
m_1——试样质量(g);

m_3——样品舟和灰分在900℃煅烧后的质量(g)。

取三个试验结果的算术平均值,保留两位有效数字。

6 试验报告

试验报告应包括以下内容:

(1)样品名称、规格型号;

(2)样品状态的描述;

(3)试验日期;

(4)炭黑含量的平均值,以质量百分比表示;

(5)如果灰分含量大于试样质量的1%,则要报出灰分含量,并注明测定的炭黑含量可能超过实际值;

(6)本方法尚未列入的操作细节及可能影响测定结果的任何意外情况。

条文说明

聚烯烃材料包括聚丙烯、聚乙烯等烃类材料。炭黑是聚烯烃塑料制品中的重要助剂,产品中添加一定量的炭黑,有屏蔽紫外线防止老化的作用。对于用聚烯烃为原材料的土工合成材料产品,炭黑的含量对其防老化性能起着关键性作用。由于抗紫外线性能的试验方法、试验条件要求高,试验周期长,所以常用"炭黑含量"来评价和控制其抗紫外线老化性能。聚丙烯、聚乙烯塑料土工格栅和聚乙烯土工膜等,其产品标准规定,炭黑含量不低于2%。

本次修订新增了炭黑含量的测定方法,方法非等效采用了《聚乙烯管材和管件炭黑含量的测定 热失重法》(GB 13021—1991)。用热失重法来测定炭黑含量,是通过热裂解使聚烯烃成为低分子物质由氮气气流带走,然后通过煅烧使炭黑转化为二氧化碳,用裂解后的质量与煅烧后的质量之差,就可以得到样品中的炭黑含量值。该方法简单易行,准确度高。

试验中应注意以下影响试验结果的因素:

(1)氮气中氧气含量的影响

普通氮气的纯度一般为99.9%,含有0.1%的氧气和其他成分。由于样品中的炭黑在裂解的过程中会与氮气中少量的氧气反应生成二氧化碳而逸逸,使得测试结果偏低。有试验数据表明,未经除氧的氮气所测得的炭黑含量只有实际含量的75%左右,而除氧的氮气,测试结果可达到实际含量的97%以上。所以规定氮气中氧含量应小于20mg/kg。

(2)灰分含量的影响

如试样的灰分含量偏高,由于不能知道残留灰分原来的化学成分,不能排除其中含有可分解、吸收的杂质,这将直接影响测试结果的准确性。因此规定,当试样灰分含量大于试样质量的1%时,应在报告中注明。

(3)可分解添加物的影响

试样中若含有在550℃热解时不能分解而在900℃煅烧时能分解的添加物如碳酸钙等,则煅烧时由于添加物的分解、逸出,使质量差 $m_2 - m_3$ 出现偏差,造成测试结果大于实际值。

公路工程现行标准、规范、规程、指南一览表

(2017年5月版)

序号	类别	编号	书名(书号)	定价(元)
1	基础	JTG A02—2013	公路工程行业标准制修订管理导则(10544)	15.00
2		JTG A04—2013	公路工程标准编写导则(10538)	20.00
3		JTJ 002—87	公路工程名词术语(0346)	22.00
4		JTJ 003—86	公路自然区划标准(0348)	16.00
5		JTG B01—2014	★公路工程技术标准(活页夹版,11814)	98.00
6		JTG B01—2014	★公路工程技术标准(平装版,11829)	68.00
7		JTG B02—2013	公路工程抗震规范(11120)	45.00
8		JTG/T B02-01—2008	公路桥梁抗震设计细则(13318)	45.00
9		JTG B03—2006	公路建设项目环境影响评价规范(0927)	26.00
10		JTG B04—2010	公路环境保护设计规范(08473)	28.00
11		JTG B05—2015	★公路项目安全性评价规范(12806)	45.00
12		JTG B05-01—2013	公路护栏安全性能评价标准(10992)	30.00
13		JTG B06—2007	公路工程基本建设项目概算预算编制办法(06903)	26.00
14		JTG/T B06-01—2007	★公路工程概算定额(06901)	110.00
15		JTG/T B06-02—2007	★公路工程预算定额(06902)	138.00
16		JTG/T B06-03—2007	★公路工程机械台班费用定额(06900)	24.00
17		交通部定额站2009版	公路工程施工定额(07864)	78.00
18		JTG/T B07-01—2006	公路工程混凝土结构防腐蚀技术规范(13592)	30.00
19		交通部2007年第30号	国家高速公路网相关标志更换工作实施技术指南(1124)	58.00
20		交通部2007年第35号	收费公路联网收费技术要求(1126)	62.00
21		交通运输部2015年第40号	★收费公路联网收费多义性路径识别技术要求(12484)	40.00
22		JTG B10-01—2014	公路电子不停车收费联网运营和服务规范(11566)	30.00
23		交通运输部2011年	公路工程项目建设用地指标(09402)	36.00
24	勘测	JTG C10—2007	★公路勘测规范(06570)	28.00
25		JTG/T C10—2007	★公路勘测细则(06572)	42.00
26		JTG C20—2011	公路工程地质勘察规范(09507)	65.00
27		JTG/T C21-01—2005	公路工程地质遥感勘察规范(0839)	17.00
28		JTG/T C21-02—2014	公路工程卫星图像测绘技术规程(11540)	25.00
29		JTG/T C22—2009	公路工程物探规程(1311)	28.00
30		JTG C30—2015	★公路工程水文勘测设计规范(12063)	70.00
31	设计	公路	JTG D20—2006	★公路路线设计规范(0996)	38.00
32			JTG/T D21—2014	公路立体交叉设计细则(11761)	60.00
33			JTG D30—2015	★公路路基设计规范(12147)	98.00
34			JTG/T D31—2008	沙漠地区公路设计与施工指南(1206)	32.00
35			JTG/T D31-02—2013	公路软土地基路堤设计与施工技术细则(10449)	40.00
36			JTG/T D31-03—2011	采空区公路设计与施工技术细则(09181)	40.00
37			JTG/T D31-04—2012	多年冻土地区公路设计与施工技术细则(10260)	40.00
38			JTG/T D32—2012	★公路土工合成材料应用技术规范(09908)	42.00
39			JTG D40—2011	★公路水泥混凝土路面设计规范(09463)	40.00
40			JTG D50—2017	★公路沥青路面设计规范(13760)	50.00
41			JTG/T D33—2012	公路排水设计规范(10337)	40.00
42		桥隧	JTG D60—2015	★公路桥涵设计通用规范(12506)	40.00
43			JTG/T D60-01—2004	公路桥梁抗风设计规范(0814)	28.00
44			JTG D61—2005	公路圬工桥涵设计规范(13355)	30.00
45			JTG D62—2004	公路钢筋混凝土及预应力混凝土桥涵设计规范(05052)	48.00
46			JTG D63—2007	公路桥涵地基与基础设计规范(06892)	48.00
47			JTG D64—2015	★公路钢结构桥梁设计规范(12507)	80.00
48			JTG D64-01—2015	公路钢混组合桥梁设计与施工规范(12682)	45.00
49			JTG/T D65-01—2007	公路斜拉桥设计细则(1125)	28.00
50			JTG/T D65-04—2007	公路涵洞设计细则(06628)	26.00
51			JTG/T D65-05—2015	公路悬索桥设计规范(12674)	55.00
52			JTG/T D65-06—2015	公路钢管混凝土拱桥设计规范(12514)	40.00
53			JTG D70—2004	公路隧道设计规范(05180)	50.00
54			JTG/T D70—2010	★公路隧道设计细则(08478)	66.00
55			JTG D70/2—2014	公路隧道设计规范 第二册 交通工程与附属设施(11543)	50.00
56			JTG/T D70/2-01—2014	公路隧道照明设计细则(11541)	35.00
序号	类别	编号	书名(书号)	定价(元)
57			JTG/T D70/2-02—2014	公路隧道通风设计细则(11546)	70.00

续上表

序号	类别	编号	书名(书号)	定价(元)
58	交通工程 设计	JTG D80—2006	高速公路交通工程及沿线设施设计通用规范(0998)	25.00
59		JTG D81—2006	★公路交通安全设施设计规范(0977)	25.00
60		JTG/T D81—2006	★公路交通安全设施设计细则(12609)	50.00
61		JTG D82—2009	公路交通标志和标线设置规范(07947)	116.00
62	设计综合	交公路发〔2007〕358号	公路工程基本建设项目设计文件编制办法(06746)	26.00
63		交公路发〔2007〕358号	公路工程基本建设项目设计文件图表示例(06770)	600.00
64		交公路发〔2015〕69号	公路工程特殊结构桥梁项目设计文件编制办法(12455)	30.00
65	检测	JTG E20—2011	公路工程沥青及沥青混合料试验规程(09468)	106.00
66		JTG E30—2005	公路工程水泥及水泥混凝土试验规程(13319)	55.00
67		JTG E40—2007	★公路土工试验规程(06794)	79.00
68		JTG E41—2005	公路工程岩石试验规程(13351)	30.00
69		JTG E42—2005	公路工程集料试验规程(13353)	50.00
70		JTG E50—2006	★公路工程土工合成材料试验规程(0982)	28.00
71		JTG E51—2009	公路工程无机结合料稳定材料试验规程(08046)	60.00
72		JTG E60—2008	公路路基路面现场测试规程(07296)	38.00
73		JTG/T E61—2014	公路路面技术状况自动化检测规程(11830)	25.00
74	施工 公路	JTG F10—2006	公路路基施工技术规范(06221)	40.00
75		JTG/T F20—2015	★公路路面基层施工技术细则(12367)	45.00
76		JTG/T F30—2014	公路水泥混凝土路面施工技术细则(11244)	60.00
77		JTG/T F31—2014	公路水泥混凝土路面再生利用技术细则(11360)	30.00
78		JTG F40—2004	★公路沥青路面施工技术规范(05328)	50.00
79		JTG F41—2008	公路沥青路面再生技术规范(07105)	25.00
80	桥隧	JTG/T F50—2011	★公路桥涵施工技术规范(09224)	110.00
81		JTG/T F81-01—2004	公路工程基桩动测技术规程(0783)	20.00
82		JTG F60—2009	公路隧道施工技术规范(07992)	42.00
83		JTG/T F60—2009	公路隧道施工技术细则(07991)	58.00
84	交通	JTG F71—2006	★公路交通安全设施施工技术规范(0976)	20.00
85		JTG/T F72—2011	公路隧道交通工程与附属设施施工技术规范(09509)	35.00
86	质检安全	JTG F80/1—2004	公路工程质量检验评定标准 第一册 土建工程(05327)	46.00
87		JTG F80/2—2004	公路工程质量检验评定标准 第二册 机电工程(05325)	40.00
88		JTG G10—2016	公路工程施工监理规范(13275)	40.00
89		JTG F90—2015	★公路工程施工安全技术规范(12138)	68.00
90	养护管理	JTG H10—2009	公路养护技术规范(08071)	49.00
91		JTJ 073.1—2001	公路水泥混凝土路面养护技术规范(13658)	20.00
92		JTJ 073.2—2001	公路沥青路面养护技术规范(13677)	20.00
93		JTG H11—2004	公路桥涵养护规范(05025)	30.00
94		JTG H12—2015	公路隧道养护技术规范(12062)	60.00
95		JTG H20—2007	公路技术状况评定标准(13399)	25.00
96		JTG/T H21—2011	★公路桥梁技术状况评定标准(09324)	46.00
97		JTG H30—2015	公路养护安全作业规程(12234)	90.00
98		JTG H40—2002	公路养护工程预算编制导则(0641)	9.00
99	加固设计与施工	JTG/T J21—2011	公路桥梁承载能力检测评定规程(09480)	20.00
100		JTG/T J21-01—2015	公路桥梁荷载试验规程(12751)	40.00
101		JTG/T J22—2008	公路桥梁加固设计规范(07380)	52.00
102		JTG/T J23—2008	公路桥梁加固施工技术规范(07378)	30.00
103	改扩建	JTG/T L11—2014	高速公路改扩建设计细则(11998)	45.00
104		JTG/T L80—2014	高速公路改扩建交通工程及沿线设施设计细则(11999)	30.00
105	造价	JTG M20—2011	公路工程基本建设项目投资估算编制办法(09557)	30.00
106		JTG/T M21—2011	公路工程估算指标(09531)	110.00
1	技术指南	交公便字〔2006〕02号	公路工程水泥混凝土外加剂与掺合料应用技术指南(0925)	50.00
2		厅公路字〔2006〕418号	公路安全保障工程实施技术指南(1034)	40.00
3		交公便字〔2009〕145号	公路交通标志和标线设置手册(07990)	165.00

注:JTG——公路工程行业标准体系;JTG/T——公路工程行业推荐性标准体系;JTJ——仍在执行的公路工程原行业标准体系。

批发业务电话:010-59757973;零售业务电话:010-85285659(北京);网上书店电话:010-59757908;业务咨询电话:010-85285922。带"★"的表示有勘误,详见中国交通运输标准服务平台 www.yuetong.cn/bzfw。